LA BATALLA
Final

JORGE RASCHKE

BETANIA

Un Sello de Editorial Caribe

> *Dedico este libro a mi amado pueblo puertorriqueño, a «Ministerios Clamor» y a todos los creyentes que, desde la posición donde Dios los ha puesto, luchan contra las fuerzas del mal.*

Betania es un sello de *Editorial Caribe*, una división de *Thomas Nelson, Inc.*

© 1997 EDITORIAL CARIBE
P.O. Box 141000
Nashville, TN 37214-1000, EE.UU

E-mail: caribe@editorialcaribe.com

ISBN: 0-88113-454-6

Impreso en EE.UU.
Printed in U.S.A.

CONTENIDO

AGRADECIMIENTOS

Agradezco a Dios la gracia que me ha dado para poner en papel algo de lo mucho que bulle dentro de mí y que constituye la fuerza motora de mi quehacer cristiano. Sin su ayuda habría sido una tarea que no me habría atrevido a abordar.

Agradezco a Eugenio Orellana, periodista y editor, por su profesionalismo al hacer equipo con este servidor. Con verdadera dedicación fue trabajando y dando forma de libro a los varios cientos de páginas manuscritas que el Espíritu Santo me iba inspirando a escribir y que yo iba poniendo en sus manos.

Agradezco a Juan Rojas y Ethel Palací, del departamento editorial de Editorial Caribe, por el apoyo que siempre me dieron para terminar con éxito la tarea de escribir este libro.

Agradezco a mi familia y al personal de «Ministerios Clamor» por los esfuerzos extra que hicieron para suplir mi ausencia de Puerto Rico mientras trabajaba en la ciudad de Miami escribiendo este libro.

Para todos, muchas gracias, y que Dios les bendiga rica y abundantemente.

Jorge Raschke
Bayamón, Puerto Rico
Junio de 1997

INTRODUCCIÓN

Al escribir este libro sobre la guerra espiritual, lo hago con el propósito de compartir no solo el conocimiento escritural sino también las experiencias de treinta seis años de convertido y treinta y cinco de ministerio.

Desde el comienzo mismo de mi vida cristiana, tuve que aprender que este camino es muy diferente al del mundo económico, intelectual o político, donde el conocimiento, la preparación académica y la experiencia son suficientes para alcanzar el éxito. Como estamos en guerra, en guerra espiritual, la realidad se enfrenta desde otras perspectivas.

Mi propia guerra espiritual, que aun no termina, comenzó la misma noche de mi conversión en una pequeña iglesia en la ciudad de Grand Rapids, Michigan. A lo largo de todo el mensaje sentía dos fuerzas que luchaban por mi alma. Escuchaba una voz que trataba de alejarme de Cristo e impedir que me entregara a Él, mientras otra voz me llamaba a rendir mi vida a los pies del Salvador. Esa lucha, que duró todo el culto no me permitió seguir en todos sus detalles el sermón. Después entendí que la voz que trataba de persuadirme para que no me convirtiera era la misma que oyó Eva en el huerto del Edén. La otra era la dulce voz del Espíritu Santo (Hebreos 4.7).

Aunque en aquel momento yo no comprendía todo lo que estaba pasando, doy gracias a Dios que pude obedecer su voz y ser libre del imperio del mal.

La lucha continuó en cuanto llegué al cuarto donde me hospedaba. Durante toda la noche estuve escuchando una voz que gritaba a mi mente frases blasfemas, ateas y de confusión para que no cumpliera con la nueva decisión de darle todo el resto de mi vida a Cristo. El hecho de que treinta y seis años después esté escribiendo este libro es el más grande testimonio de que en aquella larga noche de guerra espiritual pude alcanzar la victoria.

Dos meses después de mi conversión y ya de regreso a la ciudad de Nueva York, empecé a darme cuenta de las diferencias de doctrinas y dogmas que hay en los diferentes grupos cristianos y cómo estos llegan a dividirlos hasta llevarlos en ocasiones al odio, la difamación y las contiendas. Todo esto me provocó una gran confusión y decepción que el enemigo usó para crear en mí un deseo de retornar al mundo y a la vida de donde había salido. Fui entonces a ver a mi pastor, quien me aconsejó que mirara solo a Jesús. «Todos los hombres son imperfectos», me dijo, «y poner la mirada únicamente en Cristo es la única manera de vencer en la vida cristiana».

Al oír este consejo y mientras regresaba a casa, decidí permanecer en el Señor. Pero ya a esa hora sentía que por mi indecisión se había apoderado de mi mente una fuerza que quería controlarme el pensamiento. La Escritura nos advierte del peligro de darle lugar al diablo (Efesios 4.27). Me fui de rodillas y comencé a pedirle a Dios su ayuda, pero la fuerza que me oprimía la mente se negaba a abandonarme.

Tarde ya aquella noche, entre dormido y despierto, me arrastré hasta la cama. Allí se produjo un fenómeno del cual nunca antes había oído. Ví a mi espíritu salir del cuerpo. En esa condición espiritual podía mirar hacia abajo y verme acostado. Mirando hacia arriba, veía mi cuarto dividido: la mitad en tinieblas y la otra mitad envuelta en una luz azulada. De en medio de la oscuridad salían voces como de un gran ejército, pero sobre aquellas voces una, como de un ser más poderoso y tenebroso que reclamaba mi alma como suya. Desde la luz también se percibía la presencia de un poderoso ejército angelical y desde esa luz emanaba una voz llena de amor, confianza y enorme autoridad que afirmaba que por mi propia voluntad yo era propiedad del Señor y que nadie me arrebataría de sus manos (Juan 10.28). Escuchaba ruido de espadas que chocaban una contra otra, como si una gran batalla por el control de mi alma se estuviera librando entre las fuerzas del bien y del mal. Esto duró casi toda la noche. Finalmente, mi espíritu regresó al cuerpo y me dormí.

Cuando desperté por la mañana estaba lleno de arañazos. Tenía sangre en diferentes partes del cuerpo. Eran las señas visibles de la enorme lucha sostenida la noche anterior. Me di cuenta que casi toda la opresión se había ido. A partir de unos días no volví a sentir esa presencia maligna que me oprimía la mente. ¡Había triunfado sobre el reino del mal y había comenzado a ser un cristiano victorioso! «La oración eficaz del justo puede mucho» (Santiago 5.16).

Después de esos grandes enfrentamientos al comienzo de mi vida cristiana, han sido muchos los campos de batalla a los que he tenido que entrar a pelear. De lo sufrido y aprendido es que nace este libro. Su tema, la batalla final en la guerra espiritual, es tan importante como lo es el que cada creyente sea un cristiano victorioso en la guerra contra el enemigo.

Si eres un líder cristiano, es mi deseo y oración que estas páginas despierten en tu corazón un ardiente deseo de usar estos conocimientos para bendecir a la Iglesia en esta hora final en que las tinieblas desean impedir la última gran cosecha de almas, o sacar de la Iglesia a aquellos que ya han sido salvos.

Es también importante en este momento crucial de la historia comprender la manera en que trabaja el maligno en la vida personal del creyente. El diablo está empeñado en robarle la paz, el gozo, la autoestima y el concepto del amor de Dios hasta destruirlo por la soberbia, el complejo de culpa, la desmoralización y la ruina final de su vida espiritual.

Los efectos de esta obra diabólica en la vida personal del creyente se harán manifiestos en la vida de la Iglesia, y la desviarán o la debilitarán en su propósito de llevar a cabo la evangelización de un mundo cuyas oportunidades de salvación se van terminando. Desesperado ante la realidad del poco tiempo que le queda, Satanás lanza su más feroz ataque contra esta institución que Dios creó para enfrentarlo y detener su obra de robo, destrucción y muerte (Juan 10.10, Apocalipsis 12.12).

Según la Biblia, Satanás es un enemigo vencido gracias al sacrificio expiatorio de Cristo. El problema es que sabe que está derrotado, pero no acepta su derrota. Esto es precisamente lo que lo hace aun más peligroso. Por eso el apóstol San Pablo nos advierte en 2 Corintios 2.11 que no podemos ignorar las maquinaciones y maneras de operar de Satanás. En el capítulo 5 y versículo 8 de su primera epístola, San Pedro nos pone en alerta sobre el peligro de ser negligentes en conocer la ferocidad y capacidad destructiva del enemigo. Pablo nos aconseja tener en cuenta su astucia al transformarse en ángel de luz para infiltrar a la misma iglesia con enseñanzas falsas y corrupción (2 Corintios 11.3; 1 Timoteo 4.1 y 2 Timoteo 3.1).

Al reconocer que existe una guerra espiritual y un fuerte enemigo en Satanás, aceptamos que el propósito divino es que seamos cristianos, o soldados, victoriosos en esta lucha final contra las fuerzas del mal. De eso depende nuestro disfrute de todo lo que Dios nos ha dado y de que su Iglesia pueda cumplir su misión profética en esta hora apocalíptica antes que con el sonar de la trompeta final se cierre el último capítulo del drama de la humanidad.

Primera parte

La batalla final en la historia

Capítulo 1

La guerra
espiritual

La persona que tiene fe en un sistema religioso, político o económico, probablemente está en mejores condiciones para vencer la tensión que el que no tiene fe en nada. Como cristianos, sin embargo, creemos que la fe en Cristo es superior a cualquier otro credo. Cuando Cristo y el Espíritu Santo entran en la vida de un creyente y toman control de ella, este desarrolla cualidades de amor, gozo, paz, paciencia, benignidad, bondad, fe, mansedumbre y dominio propio (Gálatas 5.22-23). Hay un cambio de valores, una seguridad de vida eterna compartida con Cristo, y un potencial de vida abundante aquí en la tierra. Esto da a nuestra existencia un significado que no destruye ni la muerte ni el sufrimiento. Como cristiano, por ejemplo, el apóstol Pablo encontró que tanto la vida como la muerte le eran atractivas (Filipenses 1.20-24). Desde luego, otras religiones exponen ideas parecidas a las de la Biblia, y los seguidores de tales sistemas sienten un mayor propósito de vida. Pero es solamente en la vida de un cristiano donde se haya la fuerza natural que da poder para enfrentarse con la tensión y las aparentes inconsecuencias de la vida. La existencia del Dios de la Biblia no puede probarse científica ni lógicamente, pero se revela en las Escrituras y ha de experimentarse para ser conocida.[1]

---

1   Gary Collins, *Personalidades quebrantadas*, Editorial Caribe, Miami, FL, 1978, pp. 50-51.

Hay millones de creyentes que no están recibiendo la instrucción adecuada y necesaria respecto de lo que hemos llamado en este libro «la guerra espiritual». Por causa de pastorados deficientes y maestros débiles en su fe y poco fieles en el llamado que han recibido o han creído recibir, esta multitud de seguidores del Maestro desfallecen y se turban ante las asechanzas y los ataques del diablo. Languidecen y aceptan su fracaso aun antes de entrar a la batalla, aun antes de intentar vestirse con la armadura de la fe (Efesios 6.11). Se marchitan como plantas a las que les falta riego, como flores que mueren en estado de capullo, como mariposas que no dejan nunca de ser larvas, como fruto que se agosta en el árbol y que nunca llega a ser alimento. Llenan nuestras iglesias, pero son un segmento inactivo, perezoso, un lastre que le quita fuerza al resto de los creyentes que, aunque saludables, tienen que cargar con su propia responsabilidad y con la de los inútiles.

LA EXPERIENCIA DE LOS CORINTIOS

Tal es el caso de la conflictiva iglesia de Corinto, cuyos excesos son puestos en evidencia en la Biblia. El apóstol Pablo tuvo que escribirles a lo menos dos cartas y llamarles fuertemente la atención sobre prácticas ilícitas que se habían transformado en algo corriente entre ellos. ¿Cuál era el perfil particular de esta iglesia y cuál la razón de lo que sucedía dentro de sus términos que provocó la reacción del apóstol? Para comprenderlo, es preciso saber cómo era Corinto.

La ciudad de Corinto, con sus excelentes carreteras y puertos estratégicos, era un centro comercial de primer orden y una ruta obligada para gran parte del comercio de Roma y Grecia. Debido a las grandes cantidades de dinero que circulaban en Corinto, a la opulencia en que vivían sus habitantes y a que por ser aquella una ciudad porteña tenía permanentemente una población flotante de marineros y comerciantes que buscaban diversión mientras estaban lejos de sus hogares, Corinto vio crecer una marea de inmoralidad y pecado pocas veces vista. A tal punto se afincó la maldad en esa ciudad que, durante mucho tiempo, la palabra «corintizar» fue sinónimo de comercio carnal.

La inmoralidad, sin embargo no se encontraba solamente en los burdeles del puerto. Se había infiltrado en todos los ámbitos de la ciudad, incluyendo hogares y centros religiosos. Afrodita, la diosa del amor tenía su templo en Corinto. El amor erótico imperaba. Miles de sacerdotes degenerados y meretrices baratas practicaban la «prostitución sagrada» a la sombra del templo de Afrodita.

Fue en ese ambiente de amor erótico, sexual, pervertido, que Pablo predicó el evangelio y dio inicio a lo que llegó a ser la iglesia de Corinto. De aquel ambiente salieron los nuevos creyentes. Algunos de ellos —quizás una mayoría de ellos en algún momento en la historia de la iglesia— no entendían uno de los principios básicos del cristianismo, y Pablo lo explica en la segunda carta que les escribe: «Si alguno está en Cristo, nueva criatura es; las cosas viejas pasaron; he aquí todas son hechas nuevas» (2 Corintios 5.17). Aquellas «cosas viejas» llegaron a la iglesia montadas en la ignorancia de los nuevos creyentes. Mientras alguien no se los enseñó, no entendían que en el poder de Cristo debían despojarse de «las cosas viejas» y dejarlas definitivamente atrás, y que el creyente se distingue por vivir una vida irreprensible a los ojos de Dios y de los hombres.

¿Qué era lo que se practicaba en la iglesia de Corinto a la vez que se pretendía adorar al Dios santo? Entre muchas otras cosas, ciertas formas de prostitución o por lo menos relaciones sexuales ilícitas (1 Corintios 5.1-5), comilonas y borracheras (1 Corintios 11.19-22), chismes calumniosos (2 Corintios. 10.1—13.10) y pugnas partidarias (1 Corintios 1.10-17). Además de todo eso, y quizás como consecuencia de todo eso, había un desprecio culposo por las reglas que norman la vida de los creyentes y sus familias. Por eso, Pablo asume en sus cartas el rol de maestro y enseña a los corintios los secretos de la vida cristiana. Con toda autoridad les indica la forma de dejar atrás, botadas en el camino —como la serpiente cuando cambia su piel— las viejas costumbres, y cómo vencer al diablo.

Mientras los cristianos de Corinto se mantuvieron ignorantes respecto de las características de su nuevo estado de vida, fueron presa fácil del diablo. Este, como lo señalaremos reiteradamente en otras partes de este libro, trata de infiltrarse en la iglesia para atacarla desde adentro. Cuando se les puso al tanto de las cosas «hechas nuevas», los creyentes quedaron equipados para entrar en batalla y vencer en cada escaramuza.

> *Desde la perspectiva de Satanás, la batalla espiritual tiene como propósito primario derrotar a Dios derrotando al hombre.*

De esto hablamos cuando nos referimos a la guerra espiritual: de estar apercibidos, de conocer a nuestro enemigo, de saber dónde están sus puntos débiles y hasta dónde llega su poder, de saber que a nuestro lado pelea el Señor de los ejércitos y de que como quiera que sea, la victoria ya es nuestra por el poder de la muerte de Cristo en la cruz del Calvario.

LA GUERRA DE DOS MUNDOS

Una de las primeras cosas que tenemos que aprender es que existen dos mundos, dos dimensiones que tienen su propia estructura y que se comunican e influyen recíprocamente.

El mundo material

El primero es el que todos conocemos como el mundo material. El mundo de lo que se puede ver, sentir, olfatear, oír y palpar. Comprender y aceptar la realidad de este mundo o dimensión material es fácil pues somos parte de él desde que nacimos. En el mundo material tenemos casas, edificios, automóviles, aviones, carreteras, montañas, valles, ríos, océanos. La lista puede seguir *ad infinitum*. A este mundo también pertenecen los seres vivos: peces, aves, animales.

Respecto de nosotros los humanos, a veces olvidamos que somos más que un cuerpo material. También somos espíritu, por ser un alma viviente. A diferencia de los demás seres vivos, que solo nacen, crecen, se reproducen y mueren, tenemos un propósito y destino superiores.

Casi toda nuestra reflexión en torno a la existencia de estos dos mundos se limita a reconocer que las cosas que ocurren en el mundo material, buenas o malas, son producto normal o consecuencias materiales de esta dimensión. Ignoramos que no todo lo que ocurre aquí se circunscribe únicamente a este mundo. Muchas cosas que suceden entre nosotros son el resultado de lo que está ocurriendo en ese mundo espiritual, esa dimensión donde las cosas no se ven con los ojos naturales.

> *Los humanos somos algo más que simples seres vivos. También somos espíritu, por ser un alma viviente.*

Permítame poner un ejemplo en el cual soy protagonista y testigo. Una tarde del mes de marzo de 1997 me encontraba escribiendo este libro en el tercer piso de un hotel en la ciudad de Miami. Desde mi llegada, había venido disfrutando de la paz y la tranquilidad típica de este tipo de lugar. Podía trabajar tranquilo sin que nadie me interrumpiera. Aquella tarde, sin embargo, al momento de irme a sentar a la mesa para continuar con mi trabajo, me sobresaltaron fuertes ruidos que provenían del pasillo del hotel.

Al cabo de cierto tiempo pude saber de qué se trataba. Tres familias que ocupaban cuartos cercanos al mío y que estaban integradas por adultos, jóvenes y niños, habían desatado de repente una especie de competencia para ver quién hacía más ruido. Cerraban las puertas de golpe, gritaban, peleaban, corrían. Las paredes de mi cuarto retumbaban y, por supuesto, todo aquello me impedía absolutamente seguir con mi trabajo.

De pronto me puse de pie, abrí la puerta y me asomé al pasillo. Una de las personas adultas, acompañada de un jovencito, se acercaba gritando como si estuvieran en el campo. Indignado, volví a mi cuarto y —como para enviarles un mensaje que los hiciera entender lo que hacían— cerré la puerta con violencia. Extrañamente, y sin que mediara mecanismo alguno, mi puerta se cerró suavemente.

Ya casi desesperado, volví a sentarme e intentar reanudar el trabajo. Fue infructuoso. Entonces me puse de pie, miré hacia la puerta, alcé mis brazos y con voz potente y en el nombre de Cristo reprendí a Satanás. Inmediatamente se hizo el silencio y se terminó el escándalo.

Me puse a pensar y entendí que lo que estaba viviendo en ese momento tenía su origen en el mundo espiritual pero repercutía en el material. La conclusión fue clara: Satanás no quería que se escribiera este libro pues sabe que será un manual de guerra contra él. La prueba de que lo que estaba ocurriendo no era normal fue que desde que en el nombre de Cristo reprendí a la fuerza espiritual maligna que estaba detrás de todo ese alboroto, volvió la calma al tercer piso del hotel.

> *Las luchas espirituales que ocurren en el mundo invisible repercuten en el mundo material y en las vidas de los humanos.*

Aunque no todo lo que nos sucede tiene que ver con algún movimiento en el mundo de lo espiritual, hay que aprender a aguzar los sentidos del espíritu y pedirle a Dios discernimiento para saber cuándo algo de lo que nos está ocurriendo está relacionado con las fuerzas negativas del mundo espiritual. En 1 Corintios 12.10, Pablo nos dice que entre los dones que el Espíritu Santo ha dado a su Iglesia está el don de discernimiento. Es mi petición que Dios ayude a cada creyente a discernir los espíritus para no caer en las trampas y engaños de Satanás.

El mundo espiritual

Existe también a nuestro alrededor un mundo invisible o espiritual que está densamente poblado y donde existen enormes recursos. Este mundo espiritual está habitado por espíritus buenos y espíritus malos que se mueven entre nosotros. A algunos de ellos les interesa que venzamos en la vida; a los otros les interesa todo lo contrario: nuestra destrucción. Es la Sagrada Escritura, la Biblia inspirada por Dios, la que nos descorre el velo y nos deja ver la existencia de esta dimensión de lo invisible.

Dos elementos de la naturaleza, el viento y el aire, nos ilustran la existencia de realidades no visibles pero evidentes. Cada uno adquiere sus características propias según la forma en que se manifiesta sobre la faz de la tierra. El viento es el aire en agitación, en movimiento. Es una fuerza que aunque no se ve, hace notorios sus efectos: palmas que se doblan a su paso, árboles cuyas ramas se mueven acompasada o furiosamente según sea la fuerza del viento; hojas que caen al suelo y hasta edificios destruidos cuando toma forma de huracán u otro fenómeno meteorológico. La superficie del mar se altera al paso del viento y en no pocas ocasiones las embarcaciones zozobran ante el embate de las dos fuerzas, aire y agua, que parecen confabularse para atacar concertadamente. Así como el viento, las fuerzas del mal que proceden del imperio de Satanás hacen que sus efectos no dejen dudas de su existencia, si bien es cierto que no se ven con los ojos naturales,

El aire, una mezcla principalmente de oxígeno y nitrógeno, tampoco es visible al ojo humano, pero nadie podría negar que es vital para la vida sobre la tierra. De la misma manera, Dios es vital para nuestra sobrevivencia y, aunque es invisible, los efectos de su presencia en medio de los hombres son evidentes. La creación entera habla de la presencia de Dios, como dice el salmista (Salmo 19.1).

La Biblia, sin embargo, no presenta argumentos para demostrar la existencia de Dios. Sencillamente lo presenta como creador del universo y hacedor de la raza humana. Fue Él quien creó a Adán y Eva y los puso en el huerto del Edén para que lo labraran y lo guardaran (Génesis 2.15).

El mundo espiritual, pues, existe. En Él están Dios, los ángeles, el diablo y los demonios. Pero desde los albores de la historia del hombre, Dios ha declarado vedado al hombre el terreno de lo espiritual. En la Biblia tenemos innumerables advertencias en contra de quienes intentan incursionar por este mundo aparte de Dios. Quien pretenda entrar por una puerta que Dios no ha abierto, está entrando por una puerta falsa y engañosa que Satanás ha abierto.

Esto es lo que ocurre con los mercantilistas del mundo invisible, llámense como se llamen. Sin darse cuenta, o conscientemente, se asocian con Satanás y este los deslumbra con falsificaciones, con oropeles, con chatarra que no vale nada. Cuando vienen a ver, el maligno ha tomado control de sus mentes, de la mente de su clientela, hasta tal punto que llega a ejercer total dominio sobre sus almas y voluntades. Por eso la Biblia dice: «Y vosotros no prestéis oído a vuestros profetas, ni a vuestros adivinos, ni a vuestros soñadores, ni a vuestros agoreros, ni a vuestros encantadores ... Porque ellos os profetizan mentira» (Jeremías 27.9-10).

LA GUERRA ESPIRITUAL

La guerra espiritual tiene sus inicios en la rebelión de Satanás, cuando el orgullo de este lo llevó a querer ser como su Creador. Dios entonces lo degradó, expulso y envió al ámbito terrestre, donde pobló el mundo espiritual y el reino de las tinieblas con los seres angelicales que le siguieron. Este es ahora su hábitat.

La guerra llegó a nuestro planeta y se recrudeció con la creación del hombre. Dios creó al hombre como broche de oro de todo lo que hizo. No solo lo constituyó Dios como corona de la creación, privilegio que Satanás considera que le corresponde a él, sino que lo creó a su propia imagen y semejanza. Derrotar al hombre llegó a ser equivalente a derrotar al mismo Dios. Satanás decidió atacar a la raza humana y pelear contra Dios. El hombre, pues, es el objeto de la discordia, el objeto en disputa. Y como el hombre, tal como lo conocemos, existe únicamente en este planeta, la guerra se libra aquí, y no en otros términos del espacio sideral.

No podemos dejar de reconocer la tozudez de que ha hecho gala nuestro enemigo desde que sufrió la primera derrota a manos de Dios, quien lo expulsó del reino de los cielos. Luego sufrió otra derrota a manos del propio Jesús, quien venció a la muerte con su resurrección en gloria. Su pertinacia se manifiesta en que estratégicamente no puede aceptar su derrota. De hacerlo, tendría que dejar de luchar. Así que, aunque para Dios y los creyentes el problema está dilucidado, para él todavía está por verse quien será el vencedor final.

Y tenemos que reconocer su astucia, que manifiesta al tratar de establecer numerosas quintas columnas dentro de territorio enemigo; es decir, en medio de los hombres. Para no ir más atrás de nuestro propio tiempo, observemos que el diablo ha tomado control de territorios clave para sus propósitos. Por ejemplo, partiendo de la semilla de maldad que sembró en el corazón del hombre, ha tomado control de los medios masivos de comunicación. Hoy día, más del 90 por ciento de los periódicos del mundo, de las radioemisoras del mundo, de la televisión del mundo está en manos de agentes suyos que, consciente o inconscientemente, le ayudan en el cumplimiento de sus propósitos siniestros: engañar a la raza humana y alejarla eternamente de Dios. Los gobiernos y los empresarios no alcanzan a percibir las dimensiones espirituales del problema, por lo que se limitan, por un lado, a aplicar soluciones cosméticas y, por otro, a dedicar toda actividad comercial a obtener grandes ganancias en dinero sin importar el costo social y el daño moral y espiritual que se hace a los pueblos. La multitud de satélites que pueblan el espacio, las redes mundiales de intercomunicación como la Internet, si bien constituyen progresos asombrosos de la tecnología, ya empiezan a transformarse en nuevos y eficaces instrumentos de Satanás. El gobierno de los Estados Unidos y los otros gobiernos del mundo, empiezan a bregar con un nuevo enemigo: la pornografía infantil, el comercio de niños y la inducción al suicidio a través de la Internet. La mano tenebrosa de Satanás está metida allí, y ya empieza a cosechar frutos.

La lucha también adopta otros métodos. Satanás ha levantado un ejército de espiritistas, consejeros espirituales, síquicos, numerólogos, lectores del Tarot, de la palma de la mano, de las cartas de la baraja, de los caracoles y otras chucherías que ellos mismos se inventan. Surgen los horoscopistas y los maestros de la magia blanca (según dicen, por ser blanca es garantía de que es buena). Surgen los Walter Mercado, las Celias Cruz, las Cristinas, los Sevcec y los que a grandes costos contratan espacio en los medios de comunicación. Estos seudocristianos, teniendo como motivación el lucro y la acumulación de ganancias, bendicen vasos de agua, echan fuera demonios ficticios, venden piedras benditas traídas directamente del río Jordán y cortan en minúsculos pedacitos de un manto de Cristo que no se agota nunca y lo venden como panacea para todos los males. Todos estos son aliados de Satanás que, fingiendo servir a Dios y al prójimo, ayudan al maligno en sus propósitos de desviar al hombre de Aquel que sí puede señalarles el futuro, que sí puede ayudarles en sus necesidades, que sí puede curar sus enfermedades, que sí puede asegurarles bienestar temporal y la vida eterna: Dios y su Cristo. Y jamás diría que Dios lo ofrece gratuitamente: «A todos los sedientos: Venid a las aguas; y los que no tienen dinero, venid, comprad y comed. Venid, comprad sin dinero y sin precio, vino y leche. ¿Por qué gastáis el dinero en lo que no es pan, y vuestro trabajo en lo que no sacia? Oídme atentamente, y comed del bien, y se deleitará vuestra alma con grosura» (Isaías 55.1-2).

Sin embargo, un día esta guerra terminará. Es más, la batalla final, la batalla de los últimos tiempos, la batalla que habrá de ser el capítulo que cierre la historia, no está lejana. Debemos estar preparados. Debemos estar lleno del conocimiento espiritual que nos haga a todos los creyentes más que vencedores sobre esas fuerzas espirituales que atentan contra nuestra felicidad y la paz espiritual que Cristo nos dio.

EN RESUMEN

A la luz de todo lo anterior, el concepto de la guerra espiritual pudiéramos reducirlo a varios puntos importantes.

1. Comienza con la rebelión de Satanás y su intento de ser igual a Dios. A consecuencias de este pecado, Dios expulsa a Satanás de su presencia y lo envía al ámbito terrestre. Con él van todos los seres espirituales que deciden seguirle a él en lugar de mantenerse fieles a Dios su creador.

2. Sin dejar de pretender ser igual a Dios, Satanás, ahora convertido en el gran enemigo de Dios, diversifica su campaña e incluye al hombre y su hábitat. Trata de destruirlo por haber sido la corona de la creación de Dios. Sin embargo, Dios envía a Jesucristo, y Satanás sufre derrota tras derrota.

3. Al intervenir Jesucristo en esta batalla espiritual, quien lo derrota en la cruz del Calvario, el propio Salvador se torna también en gran enemigo del diablo. Ya tenemos, entonces, tres frentes contra los cuales lucha el maligno: Dios, el hombre y Jesucristo. Los seres humanos somos protagonistas de primera línea en esta batalla espiritual.

4. La batalla se libra en todo el ámbito del universo, pero preferentemente en la tierra. Allí donde está la mano de Dios, está la de Satanás tratando de desbaratar lo creado. Mientras la naturaleza gime por su liberación (Romanos 8.18-25), Satanás la usa para sus fines. En otros capítulos de este libro mencionaremos la forma en que Satanás ha tratado de desbaratar este planeta a través de guerras, de dominar a los líderes mundiales y llevarlos por caminos de maldad, críme-

nes y destrucción, de desatar plagas y desastres meteorológicos diversos. Estos son episodios de la guerra espiritual. En ocasiones, Satanás parece alzarse con la victoria, sobre todo cuando encuentra personas que le permiten desarrollar a través de ellos sus planes perversos (véase en el capítulo 5 la vida de Calígula, Nerón, Hitler).

5. La lucha tiene como fin último neutralizar al creyente como agente activo en la comunicación del evangelio de salvación, y a la iglesia como el medio que frena su quehacer de maldad en el mundo. Satanás sabe —porque conoce las Escrituras— que Dios depende del hombre redimido para la extensión de su Reino aquí en la tierra. Entonces, hay que asediar, atacar e inutilizar al hombre cristiano. Hay que contaminar a la Iglesia, desviarla de sus propósitos, debilitarla, mundanalizarla, nominalizarla. Hay que convertirla en una iglesia donde se cante mucho, pero donde no se ore. Hay que convertirla en una iglesia donde se atiendan los problemas sociales, pero se pasen por alto los espirituales. Hay que convertirla en una iglesia que colabore con los planes de las autoridades, pero se desentienda de los planes de Dios. Hay que convertirla en una iglesia donde se predique sobre las últimas noticias de los periódicos, de la radio y la televisión, pero se deje para ocasiones muy especiales el escudriñar y exponer la Biblia. Hay que convertirla en una iglesia donde haya abundancia de dinero y recursos para construir nuevos templos, renovar periódicamente las alfombras del edificio, los automóviles de los pastores y equipar las oficinas con los últimos avances de la tecnología, pero que el presupuesto para la evangelización se reduzca a la más mínima expresión.

6. La batalla final adquiere carácter trágico para Satanás. Nos acercamos al final del siglo XX y aunque nadie puede predecir que Cristo volverá antes que comience el siglo XXI o apenas iniciado este, es evidente que el tiempo se acorta rápidamente. Las señales de los tiempos y los acontecimientos mundiales así lo confirman. Ya está en funciones la moneda única europea, y se calcula que para 1999 o a más tardar

para el 2002 ya toda Europa funcionará con esta moneda. Ya está montado el sistema computarizado que contendrá la información completa de cada ser viviente sobre la faz de la tierra, lo que permitiría controlar los movimientos de cada individuo. Ya está desarrollado el sistema de identificación numérica, comenzando con la cifra 666 para cada persona. El Dr. Jack Van Impe, autor de *2001: al filo de la eternidad* (Editorial Caribe, 1997), ha escrito lo siguiente:

Escribiendo en el «Evangelical Beacon», edición de febrero de 1993, Robert Moeller dice una gran verdad. Con todo acierto describe un despertar general creciente entre los cristianos que estamos viviendo sin lugar a dudas al final de la historia del hombre. Moeller escribe: «El conflicto del Golfo Pérsico no fue el acontecimiento apocalíptico que muchos predijeron, pero fue el motivo para que muchas personas empezaran a moverse firmemente en la dirección de los tiempos finales. Dejando de lado cálculos y calendarios para examinar los acontecimientos mundiales recientes, tendencias y condiciones, hay cuatro megatendencias que coinciden con la profecía bíblica. La primera es el avance hacia una economía global, visible cuando cambien las condiciones en Alemania o cuando Japón afecte, en cuestión de horas, a Wall Street. La segunda es el surgimiento de una Europa unificada. Con la desintegración de la Unión Soviética y la desaparición del Pacto de Varsovia, la unidad europea es finalmente posible. La OTAN está decaída, las fronteras económicas europeas se han disuelto y se está formando una nueva alianza militar. La tercera, es el aislamiento de Israel. Las naciones que lo rodean están más y más hostiles, incluso con los Estados Unidos, adoptando una actitud de juicio y de menor amistad. La última es el colapso del marxismo en gran parte del mundo... El escenario se está montando para el regreso de Cristo y los creyentes deberían usar las nuevas ventanas de oportunidad para la evangelización.

A esta batalla final es a la que nos hemos venido refiriendo en este libro. Los creyentes no somos espectadores en ella, sino protagonistas. Estamos en el frente de la lucha y depende de nuestra preparación, nuestro apercibimiento y nuestra dependencia en el poder de Dios que demos una buena pelea y obtengamos la victoria. Satanás está desesperado. Sabe que le queda poco tiempo para que sea lanzado con todos sus seguidores al lago de fuego, que es su destino final, eterno. Como para él no hay salvación y como la maldad de su corazón no le permite ver más que destrucción y muerte, multiplica sus esfuerzos por arrastrar a la humanidad tras sí. Para conseguir este propósito adquiere las más engañosas formas: promete, amenaza, entretiene, falsea, canta, baila, lo que usted quiera con tal de engañar a los escogidos de Dios. Para hacer frente a tan sutil enemigo, tenemos que saber:

- Que su fin está cerca.
- Que su poder es limitado.
- Que el control final lo tiene Dios.
- Que es un enemigo ya derrotado y que todo lo demás es apariencia engañosa.
- Que contra los creyentes bien apercibidos y mejor equipados, no tiene ninguna posibilidad de triunfar. Su destino es la derrota.

Así que, hermanos, sigamos el consejo del apóstol Pablo: «Vestíos de toda la armadura de Dios, para que podáis estar firmes contra las asechanzas del diablo. Porque no tenemos lucha contra sangre y carne, sino contra principados, contra potestades, contra los gobernadores de las tinieblas de este siglo, contra huestes espirituales de maldad en las regiones celestes. Por tanto, tomad toda la armadura de Dios, para que podáis resistir en el día malo, y habiendo acabado todo, estar firmes. Estad, pues, firmes, ceñidos vuestros lomos con la verdad, y vestidos con la coraza de justicia, y calzados los pies con el apresto del evangelio de la paz. Sobre todo, tomad el yelmo de salvación, y la espada del Espíritu, que es la palabra de Dios; orando en todo tiempo con toda oración y súplica en el Espíritu, y velando en ello con toda perseverancia y súplica por todos los santos» (Efesios 6.11-18).

Capítulo 2

¿Existe una fuerza del mal?

La ley moral o ley de la naturaleza humana no es sencillamente un hecho en cuanto a la conducta humana en la misma manera que la ley de gravitación es, o tal vez es, simplemente un hecho en cuanto a cómo se comportan los objetos pesados. Por otra parte, no es una mera fantasía, porque no podemos dejar de pensar en ella, y la mayor parte de las cosas que decimos o pensamos en cuanto a los hombres se reducirían a mera palabrería si lo lográramos. Y no es sencillamente una declaración en cuanto a cómo nos gustaría que los hombres procedieran para nuestra conveniencia; porque la conducta que llamamos mala o injusta no es exactamente la que hallamos inconveniente, y puede ser lo opuesto. En consecuencia, esta regla de lo correcto y lo incorrecto, ley de la naturaleza humana o como quiera llamársela, debe ser de una forma u otra algo real; algo que realmente está ahí, no algo que hemos fabricado nosotros mismos.[1]

La conducta del hombre está determinada por innumerables factores, muchos de los cuales son tan sutiles que pocos se detienen a pensar en ellos. Las consecuencias de tales com-

---

1   C.S. Lewis en *Cristianismo... ¡y nada más!*, pp. 34-35.

portamientos son las que nos agobian, nos aturden e incluso en algunos casos nos provocan la muerte.

Como cristiano no necesito buscar en otra fuente que no sea la Sagrada Escritura para saber sobre la fuerza del mal que existe en este mundo. Pero antes de sumergirnos en el vasto mar del conocimiento que emana de la Sagrada Escritura y que tiene que ver con la existencia del mal, le invito a que demos un paso intermedio. Consideremos algo de la evidencia que nos deja la historia por medio de la vida de algunos personajes, vidas que reflejan y prueban más allá de toda duda la existencia de esta fuerza maligna.

LA HISTORIA CUENTA SU «HISTORIA»

Desde el principio de los tiempos, Satanás ha manifestado su existencia maligna, engañando a Eva en el huerto del Edén, y luego utilizando a Caín, hermano de Abel, para comenzar su orgía de maldad a través de la historia del género humano. El hombre siempre ha preferido oír su voz de odio, violencia y corrupción antes que la dulce voz llena de sabiduría, compasión y amor del Creador.

La historia tiene innumerables personajes cuyos horribles hechos son testimonios más que elocuentes de la existencia de un diablo y su imperio maligno. Tales personajes nacieron dentro de una raza caída, que había determinado rechazar la luz de Dios y sumergirse en las tinieblas tenebrosas de Satanás. Crecieron muchas veces en el seno de hogares piadosos, con padres que se preocuparon por su formación y salud emocional, pero que en un momento de sus vidas, todo aquello se desbarató, dejando al descubierto un corazón entenebrecido, una mente perversa y acciones criminales.

[Jesús dijo:] Y esta es la condenación: que la luz vino al mundo, y los hombres amaron más las tinieblas que la luz, porque sus obras eran malas (Juan 3.19).

Calígula

Calígula fue emperador de Roma entre los años 37 y 41 d.C. El gobierno y la vida de Calígula son una manifestación de lo que ocurre cuando una persona cae bajo la influencia del diablo y este toma control total de él. Durante el poco tiempo que gobernó, se llevaron a cabo las orgías en masa más grandes hasta entonces conocidas en Roma.

La historia nos dice que además de alcohólico, Calígula era sadomasoquista, homosexual e incestuoso. Tuvo relaciones íntimas con sus hermanas. Como un verdadero instrumento de Satanás, quiso nombrar cónsul a su caballo y ordenó la muerte aun de sus mejores amigos y de quienes considerara un peligro. Mandó asesinar a su mejor amigo, Macro, prefecto del pretorio. Hizo lo mismo con Tiberio Cemello, un rival en potencia; y llevó al suicidio a su suegro, Marco Junio Selano.

> Calígula era sadomasoquista, homosexual e incestuoso. Mantenía relaciones íntimas con sus propias hermanas.

Es larga la lista de los asesinados bajo el imperio de Calígula. Pero su acción más deleznable fue intentar ser proclamado dios. Declaró que todos los lugares de adoración del imperio eran sitios de adoración a él. El filósofo Séneca lo describe como lo peor de las tinieblas. Murió asesinado por Caerea y el senado lo borró de la lista de los emperadores.

Nerón

Durante catorce años, Nerón fue emperador de Roma (54—68 d.C.). Sin lugar a dudas, esta constituye otra manifestación elocuente de la existencia de una fuerza satánica que en ocasiones domina de tal manera a algunos hombres que sus acciones van más allá de todo lo reprobable, repugnante y concebible.

Nerón se distingue por sus instintos criminales que lo llevan a matar a su propia madre. Para alcanzar este objetivo elaboró un plan tan diabólico y vil que la historia recuerda hasta ahora ese hecho como una de las horas más negras en la vida de este hombre.

> *Nerón se distingue por sus instintos criminales que lo llevan a matar a su propia madre.*

Pero la manifestación más grande del mal que dominaba su vida ocurre cuando en el año 64 ordena la quema de Roma y luego culpa a los cristianos. El plan da resultado pues se desata una encarnizada persecución contra los creyentes, llevando a muchos de ellos a la muerte.

Algunos cristianos eran envueltos en pieles de animales y arrojados a los perros, y otros a las fieras en el anfiteatro, para diversión de los miles de espectadores. Otros fueron crucificados. Y en el colmo de la crueldad, Nerón empapó a algunos cristianos con materiales inflamables, los ató en postes y luego los encendió para alumbrar sus jardines, mientras él paseaba en su carro triunfal entre estas antorchas humanas.[2]

Varios comentaristas del Apocalipsis interpretan la cifra «666» a partir de su nombre, CéSaR NeRÓN, dando a las letras el valor de los caracteres hebreos correspondientes (QSR= 100+60+200; NRON= 50+200+6+50), y también si se prefiere la lectura del «Codex Laudianus» que da «616» (el mismo cálculo y valor, suprimiendo la N final). Aun prescindiendo de la exactitud de tal interpretación, no cabe duda de que la figura monstruosa del emperador anormal y degenerado, así como la cruel persecución que provocó contra los fieles (de la que habla con horror hasta el mismo Tácito)[3] fueron para los cristianos el símbolo y prototipo de las persecuciones posteriores de la iglesia y hasta de la impiedad del anticristo.[4]

Considero que los demonios que gobernaban la mente enferma de Nerón se manifestaron en su actitud de cantar y

---

2 *Diccionario Ilustrado de la Biblia*, Editorial Caribe, Miami, Florida, 1977, p. 450.

3 Nota del editor: Publio Cornelio Tácito, orador e historiador romano no cristiano

4 *Enciclopedia de la Biblia*, Ediciones Garriga, Barcelona, España, 1963, vol. V, p. 507.

tocar el arpa mientras una ciudad entera ardía en llamas. Cuatro años más tarde, cuando cometía suicidio clavándose un puñal en la garganta, decía: *Qualés artifex pereo'* [¡Qué artista pierde hoy el mundo en mí!].

El dios de este siglo cegó el entendimiento de los incrédulos, para que no les resplandezca la luz del evangelio de la gloria de Cristo, el cual es la imagen de Dios (2 Corintios 4.4).

Diocleciano

El emperador Diocleciano gobernó a Roma desde el año 284 hasta el año 305 d.C. Aunque su esposa Prisca era creyente, Diocleciano desató en nombre del espíritu patriótico la más severa de todas las persecuciones contra la iglesia. El motivo de esta persecución era el exterminio total del cristianismo. En el contexto del tema de este libro puedo ver aquella como una de las primeras escaramuzas de la gran guerra espiritual entre las fuerzas del mal y la iglesia de Cristo. Fue el comienzo de la gran batalla final de los siglos, en la que Satanás sigue intentando, siempre infructuosamente, extirpar la presencia de la iglesia de la sociedad.

Mediante edictos, Diocleciano prohibió las reuniones y cultos de los cristianos y ordenó que sus libros sagrados y templos fueran destruidos. Bajo amenaza de arresto y aun de muerte, ordenó a los ministros y creyentes sacrificar a las deidades paganas. Fue durante esta persecución que miles de creyentes sellaron con sus vidas su testimonio por Cristo.

Y ellos le han vencido por medio de la sangre del Cordero y de la palabra del testimonio de ellos, y menospreciaron sus vidas hasta la muerte (Apocalipsis 12.11).

Esta persecución comenzó en el año 303 y se prolongó hasta el 30 de abril del año 311. Este año, el emperador Galerio, quien había sido el instigador de la persecución, fue herido de muerte por una enfermedad que los creyentes atribuyeron a un juicio de Dios. A raíz de esta enfermedad firmó un decreto junto a los demás emperadores poniendo fin a la persecución. Se calcula que en este período murieron unos cincuenta mil creyentes.

He querido referirme a esta época de la historia de la humanidad pues es una en las cuales se manifiesta más el dominio de Satanás, especialmente en contra de los planes y propósitos de Dios y de nuestro Señor Jesucristo. En todo lo anteriormente escrito podemos ver la existencia de esa fuerza del mal y su enorme odio contra Dios, su Iglesia y los creyentes. Pero también nos revela el fin de Satanás, que es la personificación del mal, por cuya razón no tenemos sino que permanecer fieles. La Palabra de Dios, que nunca ha fallado ni se ha equivocado jamás, nos declara anticipadamente más que vencedores. Es cuestión de fidelidad, confianza y perseverancia.

> *Sé fiel hasta la muerte, y yo te daré la corona de la vida* (Apocalipsis 2.10).

> *Y fue lanzado fuera el gran dragón, la serpiente antigua, que se llama diablo y Satanás, el cual engaña al mundo entero; fue arrojado a la tierra, y sus ángeles fueron arrojados con él* (Apocalipsis 12.9).

Hitler

Creo que el personaje de la historia que más nos revela la existencia del mal es Adolfo Hitler. Nacido el 20 de abril de 1889 en el pequeño pueblo de Braunau, a las orillas del río Inn que separa a Austria de Alemania, no decía su estatura la inmensidad del mal que habría de llegar a desarrollar. Hoy día su nombre representa la encarnación del mismo Satanás.

Huérfano desde temprana edad, se trasladó a Viena donde a la sazón existía un fuerte antisemitismo, lo que pareciera que lo influyó poderosamente. De un trabajador oscuro, llegó a ser un soldado que ganó una condecoración durante la I Guerra Mundial. A partir de allí, y siguiendo caminos y proyectos políticos audaces, fue escalando posiciones hasta que en los años 1932—33 se perfila como el que habría de controlar los más altos poderes del gobierno alemán.

En la mañana del 30 de enero de 1933, Hitler asume la cancillería de la república y esa misma noche decenas de miles de tropas de asalto nazis desfilan ante la cancillería alemana, cruzando el Arco de Brandenburgo para rendirle honra al hombre que dentro de poco llevaría al mundo entero a una destructiva guerra global.

El 2 de agosto de 1934, con la muerte del presidente Hindenburg, Alemania queda en manos de Hitler. Hace aprobar una ley que elimina el cargo de presidente, la cancillería y el de comandante en jefe, sustituyendo todo eso por el de *Führer*; es decir, líder absoluto.

Destilando odio contra los judíos, el pueblo escogido de Dios, escribe su libro *Mein Kampf [Mi lucha]* y pronuncia encendidos discursos de corte nacionalista, exaltando la raza «aria» y definiéndola como la única genéticamente pura y, por lo tanto, la única digna de prevalecer sobre todas las demás.

Su mensaje, enunciado con carisma y autoritarismo, produjo un efecto inmediato en el pueblo alemán que, de buen o mal grado, le dio su respaldo. Se preparaba así el camino que llevaría a más de seis millones de judíos a la muerte por exterminio, eliminando de esta forma a más del sesenta por ciento de los judíos europeos y a millones más, a causa de la guerra que afectó al mundo entero.

Para el 30 de abril de 1945, cuando se encontraría su cuerpo sin vida en el bunker de la ciudad de Berlín, las fuerzas del mal habrían dejado a Alemania envuelta en llamas y a toda Europa convertida en escombros.

¿Cómo podría explicarse este fenómeno sin aceptar que existe una fuerza del mal representada por el diablo y sus demonios en cuanto a seres espirituales; y por hombres y mujeres que, consciente o inconscientemente, llevan a cabo los planes satánicos en nuestra sociedad? Ahora, cuando se

> *Las fuerzas del mal habrían dejado a Alemania envuelta en llamas y a toda Europa convertida en escombros.*

libra la batalla final de la guerra espiritual es necesario más que nunca reconocer esta verdad para ser soldados avisados y victoriosos.

¡Ay de los moradores de la tierra y del mar porque el diablo ha descendido a vosotros con gran ira, sabiendo que tiene poco tiempo (Apocalipsis 12.12).

LA BIBLIA CUENTA «SU HISTORIA»

Es indispensable que en el momento profético que vivimos conozcamos lo que la Biblia nos dice acerca de la existencia de Satanás y su imperio de tinieblas y maldad. Tanto el Antiguo como el Nuevo Testamento dan por sentado la existencia de un personaje con voluntad, inteligencia, sentimientos y propósitos. Aunque para llamarlo usa diversos nombres (véase recuadro), el personaje siniestro es el mismo y el leitmotiv es único: oponerse a Dios y a todo lo que se relacione con Él.

En su carta a los primeros cristianos de Éfeso, quienes quizás ni siquiera entendían muchas de las luchas espirituales por las que estaban pasando, el apóstol Pablo les abre el entendimiento para que reconocieran y aceptaran la importancia de tener bien en claro la existencia de este ejército del mal y su líder, el diablo. En el Nuevo Testamento, el vocablo diablo (del griego *diábolos*, que quiere decir «calumniador», «acusador») es usado tanto por Jesús como por los apóstoles 33 veces como referencia a este personaje.

Vestíos de toda la armadura de Dios, para que podáis estar firmes contra las acechanzas del diablo (Efesios 6.11).

El evangelio según San Mateo menciona no meramente la

existencia de una fuerza o influencia maligna, sino de una persona que se enfrenta al propio Jesús.

Entonces Jesús fue llevado por el Espíritu al desierto, para ser tentado por el diablo (Mateo 4.1).

Nombres con que se designa a Satanás en la Biblia y sus significados					
Nombres	**Significados**	**Antiguo Testamento**	**Nuevo Testamento**	**Jesús**	**Totales**
Satanás	(del hebreo *satan*, «enemigo», «adversario»)	18	34	11	63
Diablo	(del griego *diábolo*, «calumniador», «acusador»)	—	33	4	37
Belial	(del hebreo *bliyyáal*, «sin utilidad», «indignidad», «perversidad»	—	1	—	1
Tentador		—	2	—	2
Adversa-rio		—	1	—	1
Acusador		—	1	—	1
Maligno		—	6	—	6
Dragón		—	5	—	5
Serpiente		5	5	—	10
Belzebú	(o Baal-Zebub, «Señor de las moscas»)	—	6	3	9
Totales		23	94	18	135

Veces que se menciona a Satanás con sus diversos nombres en la Biblia			
Nombres	**Antiguo Testamento**	**Nuevo Testamento**	**Jesús**
Satanás	1 Cr 21.1 Job 1.6 1.7 1.7 1.8 1.9 1.12 1.12 2.1 2.2 2.2 2.3 2.4 2.6 2.7 Sal 109.6 Zac 3.1 3.2	Mt 4.10 16.23 12.26 Mc 1.13 3.23 3.26 4.15 8.33 Lc 4.8 10.18 13.16 22.3 22.31 Jn 13.27 Hch 5.3 26.18 Ro 16.20 1 Co 5.5 7.5 2 Co 2.11 11.14 12.7 1 Ts 2.18 2 Ts 2.9 1 Ti 1.20 5.15 Ap 2.9 2.13 2.13 2.24 3.9 12.9 20.2 20.7	Mt 4.10 16.23 12.26 Mc 3.23 3.26 4.15 8.33 Lc 4.8 10.18 13.16 22.31
Diablo		Mc 4.1 4.5 4.8 4.11 13.39 25.41 Lc 4.2 4.3	

Diablo (viene de la página anterior)		Lc 4.5 4.6 4.13 8.12 Jn 6.70 8.44 13.2 Hch 10.38 13.10 Ef 4.27 6.11 1 Ti 3.6 3.7 2 Ti 2.26 Heb 2.14 Stg 4.7 1 P 5.8 1 Jn 3.8 3.8 3.8 3.10 Jud 9 Ap 2.10 12.9 12.12 20.2 20.10	Mc 13.39 25.41 Lc 8.12 Jn 6.70 8.44
Belial		2 Co 6.15	
Tentador		Mt 4.3 1 Ts 3.5	
Adversario		1 P 5.8	
Acusador		Ap 12.10	
Maligno		Ef 6.16 1 Jn 2.13-14 3.12 5.18 5.19	
Dragón		Ap 12.9 12.13 12.16 12.17 12.2	
Serpiente	Gn 3.1 3.2 3.4 3.13 3.14	2 Co 11.3 Ap 12.9 12.14 12.15 20.2	

Dragón		Ap 12.9	
		12.13	
		12.16	
		12.17	
		12.2	
Serpiente	Gn 3.1	2 Co 11.3	
	3.2	Ap 12.9	
	3.4	12.14	
	3.13	12.15	
	3.14	20.2	
Belzebú		Mt 10.25	Mt 12.27
		12.24	Lc 11.18
		Mc 3.22	11.19
		Lc 11.15	
		11.18	
		11.19	

Es necesario insistir en esto de la personalidad del diablo tal como lo describe la Escritura. Muchos maestros del error e incrédulos que se aventuran por las rutas del espíritu sin tener la perspectiva bíblica como base de su argumentación y punto de referencia para su discurso, enseñan que no se trata de una persona con voluntad, inteligencia, sentimientos y propósitos sino de una influencia o fuerza impersonal.

Pero en el relato de Mateo, al tratar de convencer a Jesús de sus engaños y mentiras, el diablo habla como una persona. De más está decir que una fuerza o influencia no hablaría ni demostraría inteligencia del modo que el diablo lo hizo.

Entonces Jesús fue llevado por el Espíritu al desierto, para ser tentado por el diablo. Y después de haber ayunado cuarenta días y cuarenta noches, tuvo hambre. Y vino a Él el tentador, y le dijo: Si eres Hijo de Dios, di que estas piedras se conviertan en pan. Él respondió y dijo: Escrito está: No solo de pan vivirá el hombre, sino de toda palabra que sale de la boca de Dios. Entonces el diablo le llevó a la santa ciudad, y le puso sobre el pináculo del templo, y le dijo: Si eres Hijo de Dios, échate abajo; porque escrito está: A sus ángeles mandará acerca de ti, y en sus manos te sostendrán, para que no tropieces con tu pie en piedra. Jesús le dijo: Escrito está también: No tentarás al Señor tu Dios. Otra vez le llevó el diablo a un monte muy alto, y le mostró todos los reinos del mundo y la gloria de ellos, y le dijo: Todo esto te daré, si postrado me adorares. Entonces Jesús le dijo: Vete, Satanás, porque escrito está: Al Señor tu Dios adorarás, y a Él solo servirás. El diablo entonces le dejó; y he aquí vinieron ángeles y le servían (Mateo 4.1-11).

La Biblia no trata de probar la existencia del diablo o su imperio. Lo que la Biblia hace sencillamente es desenmascararlo y hacer públicos sus propósitos. Se requiere que los hijos de Dios estén en pleno conocimiento de los elementos que intervienen en la guerra espiritual en que nos encontramos comprometidos.

Yo veía a Satanás caer del cielo como un rayo. He aquí os doy potestad de hollar serpientes y escorpiones, y sobre toda fuerza del enemigo, y nada os dañará (Lucas 10.18-19).

El apóstol Pablo advierte a los creyentes no solo sobre la existencia de Satanás, sino también sobre la realidad de que no está solo sino que tiene con él todo un bien organizado ejército.

Porque no tenemos lucha contra sangre y carne, sino contra principados, contra potestades, contra los gobernadores de las tinieblas de este siglo, contra huestes espirituales de maldad en las regiones celestes (Efesios 6.12).

Para Dios es de tanta importancia que el creyente tenga este conocimiento sobre la existencia del diablo que el Espíritu Santo inspira al apóstol Pablo a que nos advierta en el sentido que no debemos ser ignorantes acerca de sus maquinaciones.

Para que Satanás no gane ventaja alguna sobre nosotros; pues no ignoramos sus maquinaciones (2 Corintios 2.11).

Y luego nos advierte sobre su capacidad de transformarse para engañarnos, haciéndose pasar hasta como siervo de Dios.

Y no es maravilla, porque el mismo Satanás se disfraza como ángel de luz (2 Corintios 11.14).

Pedro nos aconseja a tener mucho cuidado, pues aunque el diablo está vencido por la gracia y la obra del Señor, sigue siendo un enemigo superior a nuestras fuerzas y por lo tanto, grandemente peligroso. Nada, sino el poder de Dios actuando en nosotros, puede asegurarnos la victoria sobre él.

Sed sobrios y velad; porque vuestro adversario el diablo, como león rugiente, anda alrededor buscando a quien devorar (1 Pedro 5.8).

El apóstol Santiago, por su parte, nos enseña que la única manera de obtener y mantener la victoria es sometiendo nuestras vidas a Dios.

Someteos, pues, a Dios, resistid al diablo, y huirá de vosotros (Santiago 4.7).

El apóstol Judas también tiene algo que decir sobre este asunto. Ante el peligro que puede ocurrir con la negligencia en terreno tan resbaladizo y peligroso como es la lucha espiritual, nos dice que debemos tener mucho cuidado y tener siempre en mente que la única forma de vencer al enemigo es mediante el poder del Señor.

Pero cuando el arcángel Miguel contendía con el diablo, disputando con él por el cuerpo de Moisés, no se atrevió a proferir juicio de maldición contra él, sino que dijo: El Señor te reprenda (Judas 9).

El apóstol Juan nos dice que ante la enorme avalancha de tentaciones y cosas aborrecibles que el Señor vio que se manifestarían en este tiempo del fin, creyó necesario hacernos notar su poder absoluto sobre el mal.

Para esto apareció el Hijo de Dios, para deshacer las obras del diablo (1 Juan 3.8).

ORIGEN DEL MAL

Para poder comprender bien a un enemigo, necesitamos entender su existencia, sus orígenes, sus propósitos y sus formas de operar. Jesús, en confirmación de este axioma, dijo:

Y conoceréis la verdad y la verdad os hará libres (Juan 8.32).

Santifícalos en tu verdad; tu palabra es verdad (Juan 17.17).

Tal conocimiento nos prevendrá de los engaños satánicos. Además, nos evitará caer en los fracasos que acompañan a la ignorancia respecto de estas cosas tan importantes en la vida de todo creyente. Esa verdad solo puede venir de la Palabra de Dios, pues Dios es la única fuente para hablar con autoridad sobre este tema. Él es la fuente de todo conocimiento.

Mas el que me oyere, habitará confiadamente y vivirá tranquilo, sin temor del mal (Proverbios 1.33).

La Biblia nos enseña que, originalmente, Satanás era uno de los ángeles favoritos de Dios. Este se rebeló, llenando su corazón de orgullo, soberbia y altivez. Trató de ocupar el lugar de quien lo había creado. La criatura trató de desplazar a su creador.

El profeta Isaías lo presenta como un ángel tan bello que Dios mismo lo llama Lucero, hijo de la mañana.

Hay una ley del Espíritu Santo conocida como «la ley de doble referencia». A través de esta ley Dios nos habla de un acontecimiento del presente, pero a la misma vez puede estar levantando el velo del pasado o descorriendo la cortina del futuro para dar a sus profetas, a su pueblo y a sus hijos alguna revelación especial. Como veremos, esto ocurre en diversas ocasiones en las Escrituras.

Tanto en el relato del profeta Isaías como en el del profeta Ezequiel, a la vez que se refiere a asuntos relacionados con el rey de Babilonia y su reinado o al rey de Tiro y Sidón y su inminente destrucción, levanta la cortina del tiempo para llevarnos a un momento en el lejano pasado de los misterios de la creación y comenzar a darnos un pequeño atisbo del origen y la caída del más hermoso y poderoso de los ángeles que Dios creó.

Aunque la descripción de Isaías es un poco más escueta que la de Ezequiel, sus palabras ponen la base para comenzar a entender este misterio de los siglos.

> *¡Cómo caíste del cielo, oh Lucero, hijo de la mañana! Cortado fuiste por tierra, tú que debilitabas a las naciones. Tú que decías en tu corazón: Subiré al cielo; en lo alto, junto a las estrellas de Dios, levantaré mi trono, y en el monte del testimonio me sentaré, a los lados del norte; sobre las alturas de las nubes subiré, y seré semejante al Altísimo. Mas tú derribado eres hasta el Seol, a los lados del abismo (Isaías 14.12-15).*

No hay duda que mientras el Espíritu se refiere en forma directa al rey de Babilonia, también está hablando del origen y caída de Satanás. Era un ángel hermoso que cayó a las fealdades más horribles del abismo debido a su ambición de disputarle el poder a Dios. Naciones enteras han sido azotadas por el hambre, la muerte y la destrucción debido a la ambición del poder de algunos individuos que han seguido el camino de este ángel caído. Los ejemplos modernos están ahí: Lenin, Stalin, Hitler, Mussolini, Trujillo, Castro, Somoza y decenas más que en su ambición de poder han llevado a sus pueblos a la destrucción siguiendo el camino del Lucero, hijo de la mañana.

Lo más lamentable de este cuadro de ambición de poder es que en no pocas ocasiones ha llevado a la ruina a iglesias y ministerios que una vez fueron tremenda bendición para las gentes.

Directamente de Jehová

Al comenzar su descripción sobre el origen de Satanás, el

profeta Ezequiel (utilizando también la ley de doble referencia que ya mencionamos) hace bien claro que su revelación viene directamente del Señor: «Vino a mí palabra de Jehová» (Ezequiel 28.11).

Muy por el contrario del concepto tradicional que pinta a un diablo feo, con cuernos, rabo y una apariencia que horroriza, el profeta nos describe a un personaje de una hermosura que lleva el sello de la perfección.

Tú eres el sello de la perfección, lleno de sabiduría y acabado de hermosura. En Edén, en el huerto de Dios estuviste; de toda piedra preciosa era tu vestidura, de cornalina, topacio, jaspe, crisólito, berilo y ónice; de safiro, carbunclo, esmeralda y oro; los primores de tus tamboriles y flautas estuvieron preparados para ti en el día de tu creación (Ezequiel 28.12-13).

En cierto momento, el profeta Ezequiel lo ubica en el huerto del Edén. Lo describe como un querubín de gran importancia y con un propósito específico en los planes de Dios. Pero en un momento se llena de orgullo, pecando contra Dios, lo que tiene como desenlace que sea arrojado de su elevada posición.

Entre los seres humanos existe un procedimiento que quizás haya tenido un parangón cercano con el usado en la caída de Satanás. En las fuerzas armadas de cualquier país, cuando por alguna razón un alto oficial es degradado, se le quitan sus insignias de poder ante toda la tropa. Con cada insignia que cae al suelo, más se empequeñece el que otrora fuera un importante soldado. Hasta que al final, despojado de todo su poder, es expulsado del ejército al cual alguna vez perteneció con orgullo. Aquellos que lo respetaron, le rindieron honores y lo admiraron, tienen ahora todo el derecho de despreciarlo. Ha caído de la gracia del ejército. Ya no es nadie. Murió como soldado.

¿Cómo habrá sido el acto de degradación de Satanás? ¿Habrá sido despojado también de sus insignias poco a poco y ante todos los ejércitos de los cielos? ¿Habrán quedado amontonados a sus pies aquellos emblemas que lo habían hecho uno de los seres creados más grandes y hermosos?

Entre Isaías y Ezequiel nos señalan el orgullo, la soberbia y la altivez como la causa principal de la rebelión que lo lleva a su fracaso. Esa soberbia fue producto de lo que la sicología identifica como narcisismo, que no es otra cosa que el amor idolátrico de nuestra propia belleza y rasgos personales. Es un amor enfermizo por nosotros mismos. A Satanás, el narcisismo le produjo una ceguera espiritual de tal intensidad que creyó posible encabezar una revolución en el cielo para usurpar el lugar y trono del Altísimo. Insensata ilusión. La soberbia nos hace creer las mentiras y sugerencias falsas que nuestras locas ambiciones nos susurran al oído.

Cuántas naciones, familias, empresas, iglesias, ministerios y las vidas de muchos creyentes han descendido al pozo de la destrucción empujados por la altivez y la soberbia. La caída de este hermoso ángel querubín debería ser una voz permanente de alerta y advertencia para mantenernos en humildad, sujeción y obediencia a Dios, el Todopoderoso, el Omnipotente, el Inmutable, el Eterno.

> *Tú, querubín grande, protector, yo te puse en el santo monte de Dios, allí estuviste; en medio de las piedras de fuego te paseabas. Perfecto eras en todos tus caminos desde el día que fuiste creado, hasta que se halló en ti maldad. A causa de la multitud de tus contrataciones fuiste lleno de iniquidad, y pecaste; por lo que yo te eché del monte de Dios, y te arrojé de entre las piedras del fuego, oh querubín protector. Se enalteció tu corazón a causa de tu hermosura, corrompiste tu sabiduría a causa de tu esplendor* (Ezequiel 28.14-17).

Esta rebelión dio origen a la gran guerra espiritual de la cual nosotros nos encontramos hoy peleando la batalla final y de la que nos hablan los profetas Isaías y Ezequiel. Una guerra que ha comprometido al universo entero y que se libra en forma encarnizada en la vida de cada ser humano, y particularmente del creyente.

Elocuente testimonio de lo anterior es la declaración del apóstol Pablo, cuando escribiendo a los creyentes de Roma, les dice:

Porque la creación fue sujetada a vanidad, no por su propia voluntad, sino por causa del que la sujetó en esperanza; porque también la creación misma será libertada de la esclavitud de corrupción, a la libertad gloriosa de los hijos de Dios. Porque sabemos que toda la creación gime a una, y a una está con dolores de parto hasta ahora; y no solo ella, sino que también nosotros mismos, que tenemos las primicias del Espíritu, nosotros también gemimos dentro de nosotros mismos, esperando la adopción, la redención de nuestro cuerpo (Romanos 8.20-23).

Desorden y caos

En Génesis 1.1 se nos dice que «en el principio creó Dios los cielos y la tierra». En estas diez palabras encontramos condensada la obra de la creación de Dios. Pero al pasar al versículo dos, nos encontramos con algo completamente contrario a la naturaleza de Dios.

La Biblia nos dice que Dios es un Dios de orden y de paz (1 Corintios 14.33, 40). ¿Cómo es posible, entonces, que en el versículo 2 de Génesis 1 encontremos un cuadro de caos, confusión, tinieblas y desorden? «Y la tierra estaba desordenada y vacía, y las tinieblas estaban sobre la faz del abismo». La única respuesta lógica a esta pregunta es que al rebelarse Satanás y los ángeles que decidieron seguirlo, y ser expulsados por Dios de las habitaciones celestiales a los aires y la tierra, crearon tal desorden y trajeron con ellos las tinieblas que en la Escritura son simbólicas del reino de Satanás.

Pero no prevalecieron, ni se halló ya lugar para ellos en el cielo. Y fue lanzado fuera el gran dragón, la serpiente antigua, que se llama diablo y Satanás, el cual engaña al mundo entero; fue arrojado a la tierra, y sus ángeles fueron arrojados con él (Apocalipsis 12.8,9).

El profeta Jeremías también nos hace su aporte con la

referencia patética a los estragos causados por las primeras batallas de la guerra espiritual a la que nos hemos referido en este capítulo. Él dice:

Miré a la tierra, y he aquí que estaba asolada y vacía; y a los cielos, y no había en ellos luz (Jeremías 4.23).

Recordar que el Dios a quien servimos venció a Satanás, y que ese mismo Dios nos capacita para que nosotros a nuestra vez también lo derrotemos basados en su poder, debe darnos consuelo y ánimo en la lucha espiritual. Como creyentes, nunca debemos perder de vista el hecho del triunfo de Cristo en la cruz, y que ese triunfo (por la fe en el Señor y en su sangre derramada) nos hace a nosotros, débiles mortales, superpoderosos guerreros.

Caerán a tu lado mil, y diez mil a tu diestra, mas a ti no llegará... Por cuanto en mí ha puesto su amor, yo también lo libraré; le pondré en alto, por cuanto ha conocido mi nombre. Me invocará, y yo le responderé; con él estaré yo en la angustia; lo libraré y le glorificaré. Lo saciaré de larga vida, y le mostraré mi salvación (Salmos 91.7,14-16).

Para esto apareció el Hijo de Dios, para deshacer las obras del diablo (1 Juan 3.8).

Capítulo 3

Venganza en fuego y azufre

El Príncipe de las Tinieblas se paseaba nervioso por la Gran Cámara ... Los rebeldes estaban creciendo en fuerza, sus oraciones continuaban haciendo saltar conductos y rocas de la caverna con apariciones ocasionales de centelleantes brigadieres... El fuego regía el reino de Satanás desde que el Enemigo lo había confinado allí. Él sabía que las llamas del Enemigo llegarían a invadir los bancos del lago de fuego y consumirlo incluso a él y a su reino... De repente, las llamas fuera de la Gran Cámara se tornaron más brillantes. Un gorila corrió a la Cámara para informar que la llamarada había sido causada por los rebeldes en el Subsector 477 que se habían comprometido a ser liberados de por vida. Satanás caminó hacia la arcada y, lleno de odio, rugió a las llamas.[1]

La guerra espiritual que Satanás emprendió contra el Creador y su creación tuvo su origen en el fracaso por alcanzar la gloria y el poder que en un momento estimó que le pertenecían. La derrota lo llevó a la venganza y la venganza lo llenó de frustración y odio. Se convirtió en el ser malvado que

---

1 De la novela *¡Sitiados!*, por Josh McDowell y Chuck Klein con Ed Stewart, Editorial Caribe, 1995, pp. 195-196.

todos conocemos. Ni él ni los seres espirituales que le siguieron se beneficiaron con la salvación que Cristo compró en el Calvario. Dice la Biblia que «el diablo que los engañaba fue lanzado en el lago de fuego y azufre ... Y la muerte y el Hades fueron lanzados al lago de fuego. Esta es la muerte segunda. Y el que no se halló inscrito en el libro de la vida fue lanzado al lago de fuego» (Apocalipsis 20.10,14-15). En otras palabras, para ellos no hay posibilidad de redención.

SED INSACIABLE DE VENGANZA

Cuando Dios se dispuso a crear al hombre, el caos y la confusión en que se sumió el planeta tierra cuando Satanás y sus ángeles fueron arrojados comenzaban a aquietarse. Por decisión divina, Dios coloca al hombre como corona de la creación restaurada y el diablo queda relegado a la condición de ser caído. Pero el diablo se rebela de nuevo contra la autoridad de Dios y maquina un plan para arrebatarle al hombre de su mano, apoderarse de su alma y de su destino eterno, y arrastrarlo con él al lago de fuego. Para conseguir su objetivo, se disfraza de inocente y bien intencionado consejero y ataca a través del engaño y la mentira. Blanco es la mente ingenua de Eva y, a través de ella, llega a Adán.

Esta estrategia no ha cambiado con el correr de los años. En el momento en que escribo este libro, se han perfeccionado la mentira y el engaño, armas y herramientas diabólicas. Han adquirido mil formas nuevas. Ahora pareciera mucho más difícil distinguir entre lo verdadero y lo falso. La mentira y el engaño han adquirido formas tan sofisticadas que aquel proverbio popular que dice: «Nada es verdad o es mentira; todo depende del color del cristal con que se mira» mantiene su vigencia en cuanto al comportamiento de los hombres. Todo es relativo. Cualquier cosa puede lo mismo ser verdad que mentira.

Satanás maneja a la perfección las ilusiones, los espejismos, las quimeras y se especializa en lanzar al hombre tras lo que parece ser pero no es. Hace muchos años conocí a un hombre rico que daba a su bella esposa todo lo que esta le pedía. Su casa era como un pequeño palacio. Procuraba que no le faltara nada. Adoraba a su esposa y le encantaba complacerla en todo. Pero un día, en medio de toda la abundancia en que vivía, Satanás le sugirió a la esposa que cometiera adulterio con el jardinero. «Nadie lo sabrá», le dijo. «No te pasará nada; y en cambio, gozarás del fruto prohibido de la infidelidad». Ella, como Eva, oyó la voz de Satanás y terminó como aquella: expulsada de su hogar, arruinada, lejos de lo que había sido su hogar de abundancia, al cual nunca más pudo regresar. Le tocó cargar ella sola con su fracaso y su vergüenza. No en balde la Biblia dice que «hay camino que al hombre le parece derecho; pero su fin es camino de muerte» (Proverbios 14.12). ¡Tengamos mucho cuidado! En su deseo de venganza, Satanás buscará el momento más conveniente para decirnos la gran mentira, que es la mentira de los siglos: «No moriréis».

> *Satanás maneja a la perfección las ilusiones, los espejismos, las quimeras y se especializa en lanzar al hombre tras lo que parece ser pero no es.*

Responsabilidad compartida

Tras desobedecer a Dios, Eva llevó también a su compañero Adán por el camino falso y mortal de la desobediencia. Pero, ¿fue Adán una víctima? Muchos exegetas y predicadores han maltratado este capítulo de la historia al culpar a la mujer de la caída de la raza humana sin un análisis detenido de todos los factores en juego. Su conclusión es antibíblica e injusta. Basta recordar que el primero de la creación humana fue Adán y, por lo tanto, el primer responsable ante Dios era él, no la mujer. Si Adán hubiese aplicado un mayor discernimiento y más voluntad propia, que sin duda ya las había recibido de parte de Dios, no habría caído en la trampa del enemigo. Por lo tanto, Adán es el culpable número uno del desastre en que cayó la raza humana. Nuestra sociedad está en la condición moral y espiritual decadente en que se encuentra porque los hombres se han dejado engañar de Satanás. ¿Podía Adán haber cedido a las insinuaciones de su esposa? Claro que sí. ¿Qué habría pasado con Eva si Adán hubiese rechazado su invitación a desobedecer a Dios? Me atrevo a pensar que Dios la habría eliminado y le hubiera creado a Adán una mejor y nueva pareja.

DESTRUIR EL PLAN DE SALVACIÓN

Con la caída de Adán y Eva, Satanás dio su primer gran golpe en esta guerra espiritual. No hay duda que obtuvo una gran victoria y que la venganza contra su Creador parecía ir por un camino inmejorable. De ahí en adelante era cuestión de seguir sembrando cizaña para asegurarse el triunfo en el golpe final y definitivo. Tenía que anular cualquiera posibilidad de reivindicación por parte de la raza humana. Así como para él no había perdón, para el hombre tampoco debía haberlo.

Pero el disfrute de ese triunfo no le duró mucho. Después de repartir la culpa y los castigos entre Adán y Eva según su responsabilidad personal en esta enorme tragedia de la humanidad, Dios reveló su plan al decirle a Eva: «Pondré enemistad entre ti y la mujer, y entre tu simiente y la simiente suya; ésta te herirá en la cabeza, y tú le herirás en el calcañar» (Génesis 3.15). Se refería al advenimiento de Cristo al mundo a través de María. Dios daría a la raza humana la oportunidad de salvación y reivindicación. Así como Satanás usó el engaño a través de la mujer, Dios traería no solo la salvación de la raza humana a través de la mujer, sino la destrucción final del diablo.

La agenda maléfica

La guerra espiritual tomó otras dimensiones. El propósito ya no sería solo la venganza. Desde aquel momento en adelante trataría de destruir el plan de redención. Esa ha sido la agenda maléfica de Satanás en los últimos dos mil años.

Allá en los albores de la historia de la humanidad, Satanás llenó el corazón de Caín de envidia y odio contra su hermano Abel, y se produjo el primer homicidio que registra la historia. Así lo relata la Biblia: «Aconteció que andando el tiempo, Caín trajo del fruto de la tierra una ofrenda a Jehová. Y Abel trajo también de los primogénitos de sus ovejas, de lo más gordo de ellas. Y miró Jehová con agrado a Abel y su ofrenda, pero no miró con agrado a Caín y a la ofrenda suya. Y se ensañó Caín en gran manera, y decayó su semblante. Y dijo Caín a su hermano Abel: Salgamos al campo. Y aconteció que estando ellos en el campo, Caín se levantó contra su hermano Abel y lo mató» (Génesis 4.3-5 y 8).

Aunque Caín ignoraba el motivo de Satanás al poner en su corazón el pensamiento de matar a su hermano, para el que estudia la Biblia es obvio: el maligno quería evitar que el hombre se reencontrara con Dios, y para eso debía destruir la línea genealógica a través de la cual podría llegar el Mesías y la salvación.

El diluvio y otros intentos

A pesar del fracaso del primer intento, Satanás ha seguido usando la misma estrategia para tratar de lograr el autoexterminio de la raza humana. La historia de Caín se ha repetido millones de veces. Muchos de los homicidios que se cometen son producto de cosas insignificantes. Hace algunos años, en la ciudad de Nueva York, una pareja comenzó a discutir por el uso del único televisor que tenían. Él quería ver una pelea de boxeo y ella una novela. Satanás se metió en medio de ellos y la esposa terminó dando muerte a su esposo con un martillo. Una vida cercenada y otra arruinada por el uso de un televisor.

A continuación señalaré algunos acontecimientos históricos. En cada uno de ellos no se menciona a Satanás, pero se puede ver su mano siniestra moviendo los hilos de hechos y personajes mientras trata de ocultarse tras bastidores. Para cualquier observador avisado no es difícil descubrirlo: la maldad que él encarna y representa no tiene parangón. Así como el huracán no se puede ver pero deja a su paso destrucción y muerte, los efectos de esta guerra que se libra en la dimensión de lo invisible se han ido sintiendo a lo largo de la historia.

Tras el fracaso con la tragedia de Abel, Satanás buscó otras formas de lograr sus propósito. Al no lograrlos con la muerte de Abel, ya que Dios levantó a un nuevo hijo de Adán y Eva en su lugar (Génesis 4.25) y los hombres siguieron multiplicándose, Satanás ideó otra forma de destruir a toda la raza humana: llevar a la humanidad a la corrupción. Provocaría a Dios para que se encendiera en ira y decretara el exterminio del hombre.

Los efectos del nuevo plan no tardaron en verse. Dice la Biblia que «se corrompió la tierra delante de Dios, y estaba la tierra llena de violencia. Y miró Dios la tierra, y he aquí que estaba corrompida; porque toda carne había corrompido su camino sobre la tierra. Dijo, pues, Dios a Noé: He decidido el fin de todo ser, porque la tierra está llena de violencia a causa de ellos; y he aquí que yo los destruiré con la tierra» (Génesis 6.11-13).

El intento de Satanás de arruinar el plan divino causó espantoso daño, dolor, lágrimas, destrucción y muerte. Es el precio a la desobediencia. Según Génesis 7.23, «fue destruido todo ser viviente sobre la tierra desde el hombre hasta la bestia».

Pero el nuevo plan fracasó también, ¡aleluya! El Dios en quien creemos y a quien servimos y adoramos jamás ha sido vencido. Ni lo será nunca, «porque el Dios nuestro es grande sobre todos los dioses» (2 Crónicas 2.5). Noé, quien había obedecido a Dios, recibió promesa de parte de Dios que jamás volvería a destruir el mundo con agua. «Mi arco he puesto en las nubes», le dijo, «el cual será por señal del pacto entre mí y la tierra. Y sucederá que cuando haga venir nubes sobre la tierra, se dejará ver entonces mi arco en las nubes. Y me acordaré del pacto mío, que hay entre mí y vosotros y todo ser viviente de toda carne; y no habrá más diluvio de aguas para destruir toda carne. Estará el arco en las nubes, y lo veré, y me acordaré del pacto perpetuo entre Dios y todo ser viviente, con toda carne que hay sobre la tierra» (Génesis 9.13-16).

Fracasado en el caso de Noé, Satanás alza su brazo contra Abraham, Isaac, Jacob, José, Moisés, Josué, el pueblo entero de Israel, Daniel, todos los profetas. Trata de pervertirlos, de hacerlos renegar contra Dios, de apartarlos del camino que Dios les ha trazado, de mudarlos hacia otros dioses a los cuales servir, de aniquilarlos físicamente, como trató de hacer con Daniel. En ocasiones siembra el caos, la idolatría, la desconfianza en el poder de Dios, e incluso la duda, pero no logra impedir que la gracia de Dios siga manifestándose como bendición para sus criaturas. El plan profético sigue su curso y paso a paso se va cumpliendo. El propósito de Dios no puede ser detenido con nada. Y eso Satanás lo sabe, pero en su odio y en su pisoteado orgullo, no lo puede aceptar.

En Belén, al lado acá de la historia, cuando se inaugura la era de la gracia con el nacimiento del Salvador, Satanás tras bastidores usa al rey Herodes para decretar la muerte de los niños. No era la primera vez que el diablo usaba la mente y el poder de un gobernante para desbaratar el plan de salvación. Idéntica cosa había hecho muchos años atrás, cuando se valió de la mente y el poder de Faraón para atentar contra la vida de Moisés, tipo de Cristo. El objetivo en el caso del decreto de Herodes era matar al recién nacido Salvador (Mateo 2.16). ¡Vano intento! Allí no estaba Jesús.

El camino al Calvario

Así relata la Biblia la famosa anécdota en que Jesús tuvo que confrontar a Pedro:

Jesús [empezó] a declarar a sus discípulos que le era necesario ir a Jerusalén y padecer mucho de los ancianos, de los principales sacerdotes y de los escribas; y ser muerto, y resucitar al tercer día. Entonces Pedro, tomándolo aparte, comenzó a reconvenirle, diciendo: Señor, ten compasión de ti; en ninguna manera esto te acontezca. Pero Él, volviéndose, dijo a Pedro: ¡Quítate de delante de mí, Satanás!; me eres tropiezo, porque no pones la mira en las cosas de Dios, sino en las de los hombres (Mateo 16.21-23).

El Señor sabía que Satanás estaba tratando de impedir por todos los medios que Jesús llegara al Calvario y muriera colgado en una cruz, como eran los planes divinos. No es que Satanás no quisiera la muerte del Señor, sino que quería que ocurriera lejos de la cruz. Cuando Pedro, sin darse cuenta, estaba transformándose en el portavoz del deseo de Satanás, Jesús lo reprendió con dureza.

Todos los esfuerzos de Satanás estaban orientados a evitar que Jesús llegara al Calvario. Sabía que allí quedaría sellado el cumplimiento de la profecía de Génesis 3.15 y todas las demás profecías que señalaban la hora victoriosa del Mesías sobre el imperio de las tinieblas en la guerra espiritual.

Satanás fracasó. A pesar del asesinato de Juan el Bautista, de los ataques y calumnias de los fariseos, de la conspiración constante del alto liderato religioso judío, de los intentos físicos de muerte antes del Calvario, de las heridas causadas por la traición de Judas y la negación de Pedro, y de todas las fuerzas del infierno que se manifestaron en el huerto de Getsemaní, el plan de Dios siguió adelante. Nada pudo detener la victoria de Jesús. Con su muerte en la cruz, selló su victoria a favor de la raza humana. La muerte y el imperio de Satanás fueron derrotados. Ya Pablo podía gritar: «¿Dónde está, oh muerte, tu aguijón? ¿Dónde, oh sepulcro, tu victoria? ya que el aguijón de la muerte es el pecado, y el poder del pecado, la Ley. Mas gracias sean dadas a Dios, que nos da la victoria por medio de nuestro Señor Jesucristo. Así que, hermanos míos amados, estad firmes y constantes, creciendo en la obra del Señor siempre, sabiendo que vuestro trabajo en el Señor no es en vano (1 Corintios 15.55-58).

Escribiendo a los cristianos de Colosas, San Pablo se refiere a esta victoria de la forma siguiente: «Anulando el acta de los decretos que había contra nosotros, que nos era contraria, quitándola de en medio y clavándola en la cruz, y despojando a los principados y a las potestades, los exhibió públicamente, triunfando sobre ellos en la cruz (Colosenses 2.14-15). El apóstol considera de tal magnitud el triunfo de Cristo que escribe a los gálatas: «Lejos esté de mí gloriarme, sino en la cruz de nuestro Señor Jesucristo» (Gálatas 6.14).

En la cruz donde murió Cristo quedó firmado el decreto de enemistad entre el creyente y el mundo. Ya no hay posibilidad de reconciliación. El cristiano tiene que entender y vivir esta realidad gloriosa. Ya no hay ningún entendimiento entre nosotros y el mundo que representa a Satanás. El mundo nos odia. Nosotros odiamos al mundo. Nuestro odio hacia el mundo es el mismo odio de Dios: odio al pecado y al personaje siniestro que implementa toda forma de pecado para engañar a los creyentes. Si usted se deja engañar y decide volver a su vieja vida, se encontrará con una tremenda sorpresa: el mundo le sigue odiando. Y ahora le odia, además, por haber traicionado a su Maestro. También descubrirá que Satanás sigue deseando su muerte. Y que si en algún momento se le pudiera acercar con sugerencias amistosas, será solo para que le sirva de agente para extraviar a otros.

ÚNASE AL SEÑOR DE LA VICTORIA

En estos tiempos nos encontramos librando la batalla final de la guerra espiritual. Aunque Satanás ya ha sido derrotado, no se da por vencido, y utiliza todos los recursos que se le presentan. No ceja en su empeño. Se vale de muchos y de muchas cosas. Por todas partes surgen falsos teólogos y maestros de la oscuridad. El maligno propaga su mensaje en los púlpitos, en las cátedras de centros de estudios teológicos, en las aulas universitarias, en los medios masivos de comunicación, a través de satélites, la Internet, las redes de computadoras. Su propósito es confundir al pueblo acerca de la victoria de la cruz.

Pero nada de esto puede extrañar o sorprender a los creyentes que están apercibidos y velando. Ya sabemos que «la palabra de la cruz es locura a los que se pierden; pero a los que se salvan, esto es, a nosotros, es poder de Dios» (1 Corintios 1.18).

La victoria es de Cristo. Unámonos al Señor de la victoria. No importa que, como veremos en el capítulo siguiente, haya comenzado su operación de obstaculizar y tratar de robarnos lo que ya Dios nos ha dado como herencia y derecho cuando aceptamos a Cristo como nuestro único y personal Salvador.

Si usted, querido lector, aún no ha aceptado a Cristo, hágalo y únase al Señor de la victoria. Confiese sus pecados a Él y haga esta sencilla oración:

> *¡Señor, reconozco que he pecado, que he violado tus leyes, que he vivido lejos de ti y que, por lo tanto, merezco las penas del infierno. Pero también reconozco que en tu misericordia y amor me has ofrecido, a cambio, la dicha infinita del cielo. Por eso, y agarrándome de tu oferta, te pido que me perdones y que me aceptes como tu hijo. Desde ahora, dedico mi vida a servirte y a seguirte hasta el día que me lleves contigo. Amén!*

Si ya ha aceptado a Cristo, pero es un cristiano que ha estado jugando con la salvación y con su futuro temporal y eterno, lo desafío a que reconozca el hecho cierto de que Satanás es un enemigo derrotado y que nosotros hemos sido habilitados, por la muerte de Cristo en la cruz, con todos los recursos espirituales para derrotarlo en sus intentos de destruirnos. Como dice 1 Corintios 15.57, «gracias sean dadas a Dios, que nos da la victoria por medio de nuestro Señor Jesucristo» (1 Corintios 15.57).

Capítulo 4

Satanás: ladrón, asesino y destructor

Espíritus malignos tratan de dividir y corromper la iglesia. Utilizan a cristianos activos que niegan verdades bíblicas básicas tales como la Trinidad, la absoluta divinidad y la auténtica humanidad de Jesucristo, su muerte expiatoria, su resurrección literal y la salvación por gracia mediante la fe. El Señor Jesús aseguró la derrota y la condenación eterna de Satanás cuando pagó en la cruz el precio completo del pecado humano y, como Dios-Hombre, destruyó el poder de la muerte mediante su resurrección. Por tanto, aunque al diablo todavía se le llame «el dios de este mundo» y en este preciso momento «como león rugiente anda alrededor buscando a quien devorar», sabe que no puede ganar la batalla contra Dios. De hecho, ni siquiera puede hacer que un humilde creyente cometa pecado, si este se somete a Dios y resiste al maligno.[1]

El ladrón no viene sino para hurtar y matar y destruir (Juan 10.10).

---

1   Richard W. DeHaan con Herbert Vander Lugt, *El culto a Satanás*, Editorial Caribe, 1974, pp. 18-19.

En el principio de los tiempos, hubo una armonía perfecta entre la naturaleza y su Creador; no había amenazas meteorológicas como tornados, inundaciones, huracanes, ciclones, terremotos o sequías; ni plagas de insectos, ni cosa alguna que perturbara la creación. En otras palabras, Dios preparó esa gran bendición para nosotros. Pero todo eso se perdió. Satanás engañó a Eva y nos hurtó la bendición preparada por Dios para nosotros.

LA TAREA DEL LADRÓN

Hurtar

Jesucristo, como nuestro Maestro en asuntos espirituales, de este mundo y del más allá, y en su condición de testigo presencial de todo lo ocurrido desde la eternidad y hasta la eternidad, nos describe al diablo como lo que es: un ladrón. Este, en primer lugar, vino para hurtar; por ello continuamente trata de quitarnos nuestra herencia divina, como hace desde el mismo comienzo de la creación. Allá, en Edén, nos robó la comunión y la vida eterna, nos robó nuestra comunicación directa con Dios, nos robó el privilegio de una relación personal con Él; nos separó de su amistad, y esa separación, por consiguiente, produjo malas consecuencias para nosotros entre las que podemos contar: aluviones, inundaciones, sequías, hambrunas, etc.

Maldita será la tierra por tu causa; con dolor comerás de ella todos los días de tu vida. Espinos y cardos te producirá, y comerás plantas del campo (Génesis 3.17-18).

El engaño de Satanás nos hurtó el ambiente perfecto, nos quitó la provisión alimenticia que disfrutábamos y, peor aún, nos condenó a recuperar el sustento perdido con mucho esfuerzo y dolor. La vida humana sufrió un cambio sorprendente, de la noche a la mañana: Antes, Adán y Eva comían lo que deseaban, paseaban por el huerto sin preocupaciones, señoreaban sobre la creación de manera natural. Después, tuvieron que luchar para conseguir su alimento, el que pudieran, no el que quisieran; caminaban por el jardín sin seguridad, se sentían atemorizados.

Nuestros primeros padres perdieron esos privilegios, sin embargo, Dios, en su inmenso amor y misericordia, hizo provisión (Génesis 3.15), para restaurar la comunión con la corona de su creación. Y por eso ahora podemos recuperar lo perdido a través de la obra de amor y gracia efectuada por Cristo Jesús en el Calvario.

Porque así como en Adán todos mueren, también en Cristo todos serán vivificados (1 Corintios 15.22).

Cristo entró al escenario de la batalla contra Satanás. Vino a esta tierra a restaurarnos lo que perdimos, a darnos la victoria sobre el diablo. Vino a restablecer nuestra comunicación y nuestra relación con Dios. Vino a vencer a la muerte para que nosotros también la venciéramos. Y no solo eso, ascendió al cielo para hacer los preparativos para la nueva tierra y el nuevo cielo que disfrutaremos los hijos de Dios. Esa es la recompensa que nos aguarda después que derrotemos a Satanás en la batalla final.

> *Cristo ... vino a esta tierra a restaurarnos lo que perdimos, ... a restablecer nuestra comunicación y nuestra relación con Dios ... a vencer a la muerte para que nosotros también la venciéramos.*

Además, la naturaleza también espera ese día cuando se restaure la armonía que hace miles de años le fue robada (Romanos 8.21).

Qué maravilloso será presenciar cuando la naturaleza recobre la misma perfección que gozaba en el principio. No podemos ni imaginarnos cómo será vivir en un planeta libre de las grandes tragedias y limitaciones que hoy conocemos. En la culminación de esta gran batalla final, ¡Satanás verá con sus propios ojos la recuperación de todo lo que le robó a este planeta, lo cual creó la mano del Todopoderoso para nuestro disfrute!

Los hijos de Dios habitaremos esa nueva tierra que nos entregará el Altísimo. Esa es nuestra esperanza. Los desastres y tragedias que hoy nos afligen no pueden remover nuestra fe y confianza en Dios. ¡Mantengámonos firmes! Quizás algún río como el Ohio, el Mississippi, el Amazonas o el Orinoco, lo mismo en Norteamérica que en Brasil, Venezuela o cualquier rincón del mundo, nos robe nuestros sueños y esperanzas. Puede ser que un terremoto en Japón, en México o en Guatemala derrumbe las estructuras del producto de años de sacrificios o del trabajo de toda una vida. Cualquiera que sea su situación, quiero enseñarle tres verdades que no solo le darán consuelo sino también fe en Dios para seguir adelante con sus manos puestas sobre las de nuestro Señor Jesucristo.

El amor de Dios

El amor de Dios nos sustenta. Nos alienta, nos da seguridad, protección. Es el vínculo de nuestra relación con Dios. Ese amor se manifiesta hasta en el mínimo detalle de nuestras circunstancias. Por ello necesitamos afirmarnos en esta verdad eterna. De manera que cuando vengan las desgracias y las tragedias, no culpemos a Dios, como hace Satanás o como trata de que hagamos también. Aunque ciertamente hay ocasiones en que Dios muestra sus juicios sobre la faz de la tierra, en la mayoría de los casos las tragedias vienen como consecuencia del engaño de Satanás al principio, y del fracaso del hombre al dejarse convencer por él.

La duda es una de las armas favoritas del enemigo, él conoce todas las maneras de usarla con efectividad, y tratará de sembrarla en su vida por todos los medios. No permita que Satanás haga que dude del amor de Dios por usted, pues en esa verdad radica la fuerza que le ancla a la fe, a la vez que le ayuda a vencer en las luchas y contrariedades de la vida.

Le invito a que repita la siguiente oración, cuantas veces lo necesite, para que esta verdad llegue a ser parte de usted:

«No entiendo el porqué de esta tragedia en mi vida, pero estoy seguro que, a pesar de todo, Dios me ama. Nada me separará de su amor por mí». Luego, memorice la siguiente escritura y repítala continuamente hasta que llegue a ser parte de su carne, de sus huesos, de su espíritu:

Antes, en todas estas cosas somos más que vencedores por medio de aquel que nos amó. Por lo cual estoy seguro de que ni la muerte, ni la vida, ni ángeles, ni principados, ni potestades, ni lo presente, ni lo por venir, ni lo alto, ni lo profundo, ni ninguna otra cosa creada nos podrá separar del amor de Dios, que es en Cristo Jesús Señor nuestro (Romanos 8.37-39).

El alma

La segunda verdad que debemos afianzar en nuestra vida, para los momentos en que sufrimos alguna pérdida por un desastre de la naturaleza u otra razón, es que nada de lo que nos ocurra o pueda suceder afectará nuestra alma. Si el amor de Dios sustenta nuestra vida, nuestra alma será territorio de Él, por tanto será inviolable. Y aunque perdamos todos los bienes materiales, si retenemos la salvación del alma y nuestra comunión con Dios, aún lo tendremos todo.

Jesús dijo: No temáis a los que matan el cuerpo, mas el alma no pueden matar (Mateo 10.28).

En otro contexto, pero refiriéndose igualmente al alma, el Señor declaró: «Porque ¿qué aprovechará el hombre si ganare todo el mundo y perdiere su alma?» (Marcos 8.36). Es evidente el valor que Jesús le da a nuestra alma. Cuando el ser humano se materializa al extremo de que cree que su felicidad depende de sus bienes terrenales y llega a perderlos por cualquier razón, su mundo particular se desmorona. Entonces aparece la depresión y surge la tendencia al suicidio, con tal fuerza que muchos ceden ante ella.

Durante la gran depresión económica de la década de los treinta, cuando el sistema financiero y bancario de los Estados Unidos se derrumbó, muchos ricos enloquecieron y algunos hasta se suicidaron lanzándose al vacío desde el puente Golden Gate en San Francisco, el puente Brooklyn y el edificio Empire State, en Nueva York. Otros recurrieron al veneno, se ahorcaron o se dispararon un tiro en la cabeza. ¿Cuál fue la causa? Perdieron su base económica. Edificaron sus vidas sobre el fundamento de los bienes materiales y cuando este les falló, arrastró con ellas. Perder la fama, el poder y el prestigio arruinó su felicidad. Se olvidaron del valor de su alma y de las palabras del Maestro cuando dijo: «La vida del hombre no consiste en la abundancia de los bienes que posee» (Lucas 12.15). Y cuando les advirtió: «Necio, esta noche vienen a pedirte tu alma, y lo que has provisto [o acumulado] ¿de quién será?» (Lucas 12.20).

Hace algunos años, el huracán Hugo atacó varios países del Caribe, incluyendo la isla de Puerto Rico. A su paso dejó muerte, desolación y ruina económica. En una ciudad cercana a Bayamón, donde resido, un comerciante perdió su negocio, el esfuerzo de toda su vida. Para mayor desgracia, no tenía ningún tipo de seguro, de modo que no pudo recuperar ni un centavo. Los fuertes vientos ciclónicos destruyeron no solo su negocio, sino también el débil fundamento material en el que basó su vida y la de los suyos. Así que se disparó un tiro en la cabeza. Todo terminó para él.

Si mientras lee este libro pasa por una situación similar, recuerde que aunque lo perdamos todo, nadie podrá tocar nuestra alma. Ella es, en verdad, nuestra mayor riqueza. La comunión que mantenemos con Dios nos hace bienaventurados y más que vencedores, aunque perdamos todos nuestros bienes materiales. Repita conmigo esta oración al Dios Todopoderoso:

Gracias, Dios mío, porque a pesar de la pérdida que sufrí, aún tengo la salvación de mi alma y te tengo a ti. Gracias porque sé que si estás conmigo no le temeré a nada ni a nadie. Con tu ayuda me levantaré y me restaurarás con tu miseri-

cordia; y si te soy fiel, multiplicarás mis bendiciones, como lo hiciste con tu siervo Job. Amén.

Reflexione en las siguientes promesas de Dios:

■ El cielo y la tierra pasarán, pero mis palabras no pasarán (Marcos 13.31).

■ Mas buscad primeramente el reino de Dios y su justicia, y todas estas cosas os serán añadidas (Mateo 6.33).

■ Joven fui, y he envejecido, y no he visto justo desamparado, ni su descendencia que mendigue pan (Salmos 37.25).

■ Aunque ande en valle de sombra de muerte, no temeré mal alguno, porque tú estarás conmigo; tu vara y tu cayado me infundirán aliento (Salmo 23.4).

Todo obra para nuestro bien

La última verdad que necesitamos integrar a nuestra vida para enfrentar y vencer las tragedias, pérdidas y desgracias, es comprender y creer que todo obra para nuestro bien. Aunque en el presente parezca que algo nos va a aplastar, debemos confiar que Dios, con su infinito poder, lo convertirá en un nuevo peldaño para alcanzar la meta que tiene trazada para nosotros.

Si creemos eso, veremos nuestra aflicción desde la perspectiva del poder de Dios, y nuestros fracasos se transformarán en victoria; nuestras pérdidas en ganancia; nuestra aflicción en alegría; nuestra desesperanza en esperanza. El Señor es tan grande y poderoso que al ver nuestra fidelidad y confianza, convertirá lo malo en una gran bendición.

Hace algunos años, mientras viajaba en un avión, me senté junto a una dama elegante que parecía tener una buena posición social. Entablamos una conversación y comenzó a contarme cómo Dios usó una tragedia en su vida para bendecirla a ella y también a otros. Interesado en el relato, le presté toda mi atención y eso la animó a seguir hablando. Me contó que tenía un hijo parapléjico, y que al principio se rebeló quejándose amargamente contra Dios por ello. Pero al pasar el tiempo Dios trabajó con su enorme sufrimiento, de modo que, poco a poco, empezó a ver en su hijo el instrumento ideal para verter el caudal de amor que ahora sentía.

Aquel ser indefenso e inocente que Dios puso en sus manos estaba ofreciéndole una dimensión nueva y grandiosa a su vida. A medida que aumentaba su amor por él, crecía en ella la compasión por aquellos que sufrían semejante dolor y que no tenían apoyo alguno. Eso la motivó a viajar por todo el país ofreciendo conferencias a padres que como ella tenían hijos minusválidos.

Mientras hablaba, el rostro de aquella mujer irradiaba amor, paz y una gran confianza en el poder inmenso del Señor para convertir un simple carbón en un diamante de gran valor.

Si está sufriendo los efectos de una gran tragedia en su vida, repita conmigo esta palabra de fe y confianza:

Señor, te doy gracias por tu inmenso amor y poder. Gracias porque puedes cambiar mi noche en día y mi desventura en bendición. Dame no solo el gozo de vivir cada día como si fuera el más grande de mi vida. Úsame para servir a otros y llevar alivio y paz a quienes lo necesitan con más urgencia que yo.

Y ahora, memorice y atesore en su corazón, como una piedra preciosa, esta gloriosa promesa divina:

Y sabemos que a los que aman a Dios, todas las cosas les ayudan a bien (Romanos 8.28).

MATAR

Muerte física

Cuando Jesús describe a Satanás como autor de toda maldad y lo presenta como ladrón, también afirma que es un homicida. Cuando el ladrón se decide a robar, implícitamente se dispone a matar. Si consigue alguna oposición a sus malvados planes, lo más seguro es que hasta asesine a quien se le atraviese.

La sociedad cree que matar significa terminar, eliminar, acabar con la vida física de un ser humano. Pero los que creemos en la existencia del alma y del cuerpo, como lo describe con toda sencillez la Sagrada Escritura, sabemos que la muerte es la separación que ocurre entre el alma y el cuerpo; y es la entrada al mundo de la dimensión espiritual; es decir, al mundo de lo invisible.

Cristo llamó a Satanás asesino, añadiendo que lo era desde el principio, cuando cayó. Lo señaló como el que le causó la muerte al hombre cuando este lo escuchó y siguió el camino de la desobediencia y la rebeldía. Eso hizo que Dios, preocupado por la condición de la raza humana tuviera que sacar a Adán y a Eva del huerto de Edén.

Antes de la caída de la raza humana, Dios dotó al hombre de inmortalidad; pero después de ese suceso trágico, perdió la inmortalidad del cuerpo, no así la de su alma, que continúa siendo inmortal. La muerte fue el primer efecto palpable del pecado y también será la última de sus consecuencias, con la salvedad de que los redimidos saldremos victoriosos.

Y el postrer enemigo que será destruido es la muerte (1 Corintios 15.26).

La muerte fue introducida al escenario de la creación y de la raza humana por el mismo Satanás. Pero Dios, el Todopoderoso, tomó lo que el diablo usó como maldición, es decir, la misma muerte, y a través de ella nos dio la salvación, o sea, la vida.

Pero que ahora ha sido manifestada por la aparición de nuestro Salvador Jesucristo, el cual quitó la muerte y sacó a luz la vida y la inmortalidad por el evangelio (2 Timoteo 1.10)

La muerte siempre ha sido un hecho trágico y doloroso. Está presente en las plagas, las calamidades naturales, las guerras que acaban con millones de seres humanos. Se presenta mediante suicidios, crímenes en los barrios más pobres y en los de la alta sociedad, como el tristemente famoso caso de O.J. Simpson.

A través de la historia, Satanás usó hasta falsos profetas y líderes religiosos para tratar de llevar a la humanidad por el camino de la muerte, empleando en muchas ocasiones el nombre de Dios o haciéndose pasar por Él (2 Corintios 11.14).

Veamos algunos casos:

- Los papas de Roma, movilizando las cruzadas hacia Tierra Santa, y la Santa Inquisición que, en toda Europa y América, dejó millones de muertos.
- Un Mahoma, matando a miles de personas por no aceptar la religión islámica.
- Una ola de muerte contra católicos en Irlanda del Norte perpetrada por protestantes intolerantes.

Satanás ha paseado la muerte por todos los rincones de la tierra, usando muchas veces a líderes de cultos falsos como Jim Jones y David Koresh; cultos como los seguidores de la Orden del Templo Solar (desde América hasta Europa), y hasta creando cultos altamente tecnológicos como los de Puerta del Cielo.

Esta última es una secta extraña que en marzo de 1997 llevó al más allá a treinta y nueve personas que se suicidaron en una lujosa mansión en Rancho Santa Fe, California. Satanás, a través de su líder, les prometió que en la cola del cometa Hale-Bopp, que aparecería en la fecha indicada, venía un platillo volador que los habría de recoger —una vez muertos por su propia mano— para llevarlos a un lugar muchísimo mejor.

Aunque los medios de comunicación y los gobiernos ignoran la faceta espiritual en estos suicidios masivos, se ve en ellos la mano infame de Satanás convenciendo a gente inteligente, joven y llena de vida a terminar con su existencia y salir tras una quimera cuya única realidad es la perdición eterna.

A través del uso de drogas, alcohol así como otros vicios que provocan toda clase de enfermedades como el cáncer, el Sida y otros flagelos, el diablo lleva a millones a la eternidad sin Cristo, fe ni esperanza. Ellos serán sus acompañantes eternos en el lago de fuego y azufre. Mientras Satanás ofrece muerte disfrazada de vida, Jesucristo ofrece vida real, auténtica, eterna, porque Él es vida.

Yo he venido para que tengan vida, y para que la tengan en abundancia (Juan 10.10).

Yo soy la resurrección y la vida, el que cree en mí, aunque esté muerto, vivirá (Juan 11.25).

Muerte espiritual

El diablo introdujo la muerte espiritual en la raza humana a través del pecado; es decir, rompió la relación espiritual del hombre con Dios. Como lo señaló el profeta: «Pero vuestras iniquidades han hecho división entre vosotros y vuestro Dios, y vuestros pecados han hecho ocultar de vosotros su rostro para no oír» (Isaías 59.2).

El resultado de esta muerte espiritual es una existencia sin gozo verdadero, sin seguridad en medio de las luchas de la vida, y sin paz en medio de las dificultades en que nos involucramos a lo largo del tiempo. La muerte espiritual produce la pérdida de la comunicación directa con Dios mientras estamos en este mundo, y luego, si no nos arrepentimos ni nos reconciliamos con nuestro Creador, la muerte eterna.

Pablo se refiere a esta muerte espiritual en los siguientes versículos:

Y Él os dio vida a vosotros, cuando estabais muertos en vuestros delitos y pecados (Efesios 2.1).

Pero la que se entrega a los placeres, viviendo está muerta (1 Timoteo 5.6).

Estas palabras describen con toda claridad la muerte espiritual como consecuencia del pecado y la obra de Satanás. La muerte espiritual hace que el maligno le impida al hombre ver el camino de la salvación y escapar de la condenación eterna. Sin duda que este es el peor de los efectos de esa muerte. Pablo lo describe como ceguera espiritual (2 Corintios 4.4).

En muchas ocasiones, esa muerte espiritual lleva al fallecimiento físico, ya que cuando el ser humano está muerto espiritualmente abusa de las drogas, el alcohol, el sexo y practica el pecado de manera desenfrenada. La muerte espiritual produce ausencia absoluta de temor a Dios, y por ende una escasez total de sabiduría, lo cual conduce a una existencia disoluta e incapaz de evitar enfermedades producidas por las prácticas pecaminosas.

En Proverbios 1.7, el sabio Salomón dijo que el principio de toda sabiduría es el temor a Dios. El apóstol Pablo nos exhorta a cuidarnos y a evitar prácticas pecaminosas que puedan causarnos daño y hasta la muerte.

Huid de la fornicación ... mas el que fornica, contra su propio cuerpo peca. ¿O ignoráis que vuestro cuerpo es templo del Espíritu Santo, el cual está en vosotros, el cual tenéis de Dios, y que no sois vuestros? Porque habéis sido comprados por precio; glorificad, pues, a Dios en vuestro cuerpo y en vuestro espíritu, los cuales son de Dios (1 Corintios 6.18-20).

Recuerdo el caso de un hombre de la ciudad donde vivo. Un día mantuvo relaciones sexuales con una mujer a la que no conocía. No volvió a verla ni a serle infiel a su esposa. Como fue una aventura aislada, no le dijo nada a su esposa, creyendo que todo quedaría en el olvido; pero cuán equivocado estaba. En poco tiempo, tanto él como su esposa empezaron a sentir los síntomas del Sida. Se practicaron los exámenes pertinentes y, en efecto, comprobaron que estaban contagiados. Al tiempo fallecieron: la esposa, sin poder explicarse la condena a la que la sometió su marido; y él, sin poder soportar la vergüenza que aquella enfermedad y muerte prematura traería a su familia.

Cuando Satanás le ofreció a este hombre el camino del placer y el deleite pasajero, todo parecía muy atractivo. Pero su fin fue totalmente fatídico.

Mientras más nos acerquemos al final de este drama entre Satanás y Dios, la guerra espiritual será mayor. En esta encarnizada batalla final muchos morirán, no porque a Dios le falte poder, sino porque eligieron el camino de la muerte en vez del de la vida.

Muerte eterna

Al concluir con esta tercera manifestación de la muerte como parte de la obra de Satanás tenemos que reconocer una lamentable realidad. Los resultados de la muerte eterna son los más horrendos y sin duda los que más dolor le causan al corazón de Dios, ya que Él, en su amor infinito por el hombre —a quien creó con sus propias manos—, ha hecho todo lo posible para librarlo de la muerte eterna, de la separación perpetua. Todos los esfuerzos y sacrificios del Padre celestial por nosotros se pueden resumir en lo que algunos han llamado «la Biblia en miniatura»: «Porque de tal manera amó Dios al mundo, que ha dado a su Hijo unigénito, para que todo aquel que en Él cree, no se pierda, mas tenga vida eterna» (Juan 3.16).

Cuando en la Sagrada Escritura se nos habla del don de Dios como vida eterna, no se refiere meramente a la existencia del ser humano. Los perdidos también vivirán, aunque lo que experimentarán se conoce como «muerte eterna». La vida eterna que Dios nos ofrece restaura nuestra comunión con Él, y esa restauración incluye todos los derechos, privilegios y bendiciones perdidos. Es decir, viviremos a plenitud, porque la gracia de Dios nos proveerá los medios para ello. Esto es algo difícil de entender en toda su amplitud.

Y todo aquel que vive y cree en mí, no morirá eternamente (Juan 11.26).

Mientras que la vida eterna es una existencia gozosa con paz espiritual y una permanente presencia ante el Señor, la muerte eterna es todo lo contrario, es la separación del alma para siempre de la presencia y comunión con Dios. Es un tormento continuo. Y no fue preparado para la raza humana, sino para Satanás; pero el hombre, al seguir al diablo, optó voluntariamente por esa terrible alternativa.

Porque la paga del pecado es muerte, mas la dádiva de Dios es vida eterna en Cristo Jesús, Señor nuestro (Romanos 6.23).

Para entender la muerte eterna en profundidad es menester comprender cuan horrible es. Muchos teólogos, maestros y predicadores evitan hablar del tema por su naturaleza tan terrible. Sin embargo, tenemos que referirnos al asunto.

Dios, movido por su inmenso amor hacia nosotros, al ver como Juez justo la severidad de su Ley y el cumplimiento de su justicia, creó el plan de la expiación y redención para librarnos del infierno y de su propia mano. Como ya lo mencionamos, la muerte eterna fue planeada para el diablo y sus ángeles; sin embargo, la guerra espiritual desatada por el maligno contra Dios, Jesucristo y el hombre, tiene como fin arrastrar al ser humano al destino que es exclusivamente suyo. Y usando mentiras, engaños, y seducciones logra su objetivo de manera parcial. Muchos hombres y mujeres van tras él, y a menos que alguien les hable de su error, se perderán eternamente.

Es necesario entender que todo lo que Dios nos da: recursos económicos, templos, emisoras de radio, canales de televisión, medios impresos y toda la nueva tecnología tiene como fin adelantar el plan de salvación. Cada persona que se pierde es un dolor para el corazón Dios; porque, como lo dice su Palabra, «serán atormentados día y noche por los siglos de los siglos» (Apocalipsis 20.10). Quienes lleguen allí no tendrán posibilidad de escapar al sufrimiento eterno. En el lugar preparado para Satanás no hay esperanza.

Cuando muere el hombre impío, perece su esperanza (Proverbios 11.7).

Entonces dirá también a los de la izquierda: Apartaos de mí, malditos, al fuego eterno preparado para el diablo y sus ángeles (Mateo 25.41).

Estas palabras de Jesús vienen a confirmar lo que ya señalamos: que el fuego eterno no fue preparado para el hombre. Pero el hombre incrédulo, de difícil entendimiento, el que ama el pecado y las cosas pasajeras de este mundo más que las eternas de Dios, el que no doblega su orgullo, el que cree que la predicación del evangelio es una locura solo apta para subdesarrollados e ignorantes, despertará en la peor de las compañías. Porque allí estarán, aparte de Satanás y sus ángeles, en la plenitud de su maldad, Caín, Nimrod, Faraón, Jezabel, Acab, Herodes, Judas, Pilato, Nerón, Calígula, Mussolinni, Hitler, Trujillo, Somoza, Lenin, Stalin y todo dictador asesino y opresor que pisa la faz de la tierra. Pero también estarán los fornicarios, los adúlteros, los idólatras, los hipócritas, los homosexuales, las lesbianas, los hechiceros, los que se esconden tras la fachada de la religión pero que nunca se arrepintieron. Allí estarán todos los mentirosos, los incrédulos y los soberbios; los que rechazaron el único camino de salvación que es Cristo Jesús, quien dijo: «Yo soy el camino ... nadie viene al Padre si no es por mí» (Juan 14.6).

El infierno es el lugar donde las personas recordarán no solo lo malo que hicieron, sino lo bueno que dejaron de hacer. Allí tendrán memoria de todas las veces que rechazaron a Jesús y despreciaron las muchas oportunidades que Dios les dio para salvar sus almas.

Si desea leer una historia real de lo que será el infierno, el pasaje apropiado es el de un hombre rico y un mendigo llamado Lázaro. A través del error y sus apóstoles del engaño, Satanás ha intentado presentarnos este relato como una parábola más de Jesús, pero todas las evidencias confirman que no se trata de una parábola. Jesús jamás usó en las parábolas nombres propios de personas, como en este caso:

> *El infierno es el lugar donde las personas recordarán no solo lo malo que hicieron, sino lo bueno que dejaron de hacer.*

Había un hombre rico, que se vestía de púrpura y de lino fino, y hacía cada día banquete con esplendidez. Había también un mendigo llamado Lázaro, que estaba echado a la puerta de aquél, lleno de llagas, y ansiaba saciarse de las migajas que caían de la mesa del rico; y aun los perros venían y le lamían las llagas. Aconteció que murió el mendigo, y fue llevado por los ángeles al seno de Abraham; y murió también el rico, y fue sepultado. Y en el Hades alzó sus ojos, estando en tormentos, y vio de lejos a Abraham, y a Lázaro en su seno. Entonces él, dando voces, dijo: Padre Abraham, ten misericordia de mí, y envía a Lázaro para que moje la punta de su dedo en agua, y refresque mi lengua; porque estoy atormentado en esta llama. Pero Abraham le dijo: Hijo, acuérdate que recibiste tus bienes en tu vida, y Lázaro también males; pero ahora éste es consolado aquí, y tú atormentado. Además de todo esto, una gran sima está puesta entre nosotros y vosotros, de manera que los que quisieren pasar de aquí a vosotros, no pueden, ni de allá pasar acá. Entonces le dijo: Te ruego, pues, padre, que le envíes a la casa de mi padre, porque tengo cinco hermanos, para que les testifique, a fin de que no vengan ellos también a este lugar de tormento. Y Abraham le dijo: A Moisés y a los profetas tienen; óiganlos. Él entonces dijo: No, padre Abraham; pero si alguno fuere a ellos de entre los muertos, se arrepentirán. Mas Abraham le dijo: Si no oyen a Moisés y a los profetas, tampoco se persuadirán aunque alguno se levantare de los muertos (Lucas 16.19-31).

Cuando lea este relato estoy seguro que entenderá la importancia de su alma para Dios y por qué Satanás hace lo posible, en esta batalla final, para que la gente no crea en el evangelio ni en Cristo. El destino del hombre será o para disfrutar eternamente con Dios el Padre, o para atormentarse eternamente en la compañía de Satanás, sus ángeles y los perversos de la tierra, en su más plena maldad.

Y muchos de los que duermen en el polvo de la tierra serán despertados, unos para vida eterna, y otros para vergüenza y confusión perpetua (Daniel 12.2).

Y la muerte y el Hades fueron lanzados al lago de fuego. Esta es la muerte segunda. Y el que no se halló inscrito en el libro de la vida fue lanzado al lago de fuego (Apocalipsis 20.14-15).

Si usted que lee este libro nunca ha aceptado a Cristo como su salvador, quiero pedirle que lo haga ahora mismo, antes que se acaben las oportunidades. No le estoy preguntando si tiene una religión, si asiste de vez cuando a alguna iglesia, si lleva una vida moral ni si perjudica a alguien. Lo que le pregunto es cómo está su relación con Dios. Y si ahora mismo se encuentra fuera de los caminos del Señor, repita conmigo esta sencilla oración:

Señor Jesús. Reconozco que he pecado por lo que me espera la muerte eterna. Pero vengo a ti en arrepentimiento sincero, te acepto como mi Salvador y te prometo que de hoy en adelante te serviré todos los días de mi vida. Amén.

Después de esta oración, levántese de su vida caída y muerta, y comience desde hoy mismo la vida abundante que Cristo le quiere dar.

DESTRUIR

Y tienen por rey sobre ellos al ángel del abismo, cuyo nombre en hebreo es Abadón, *y en griego,* Apolión. (Apocalipsis 9.11).

Los vocablos hebreo, *Abadón*, y griego, *Apolión*, significan lo mismo: destructor. Destruir, en el contexto del plan satánico que venimos analizando, es: Anular algo o alguien, dejarlo existiendo pero no en su estado normal; es decir, dejarlo inoperante, inservible y en ruinas de modo que no sirva al propósito para lo cual fue creado.

Satanás roba y hurta, mata y destruye. Como ladrón, para conseguir lo que quiere, está dispuesto a destruir lo que encuentre a su paso. Quiere ser como Dios, pero tiene el corazón lleno de orgullo. Maquina su venganza contra el hombre, y fracasa. Quiere detener a Jesucristo en su plan de redención, y vuelve a fracasar. Utiliza el poder limitado que Dios le permite, e intenta robarnos la paz y la belleza plena de la creación que Dios nos regaló, matarnos y hasta destruirnos, pero una y otra vez, fracasa.

Cuando Satanás no logra robarnos la salvación del alma o llevarnos a la muerte física antes de tiempo y a la muerte espiritual, e incluso la eterna, trata de anularnos para que no podamos disfrutar de lo que Dios tiene para nosotros; y para que no seamos útiles en las manos de Él.

El medio ambiente y la ecología

Mas tú derribado eres hasta el Seol, a los lados del abismo (Isaías 14.15).

El diablo no pudo impedir que Dios encargara al hombre de señorear la tierra ni tampoco ha podido destruir la creación, sin embargo se propuso destruir la armonía de ambos con Dios. Lamentablemente el mejor aliado de Satanás con este propósito es el hombre mismo. La sociedad industrializada se ha encargado de envenenar el aire que respiramos con el dióxido de carbono que emana de millones de automóviles que circulan diariamente por todo el planeta. Esta situación es grave en algunos puntos como Ciudad de México, Los Ángeles, Santiago de Chile, Nueva York, Bogotá, Caracas, donde ha aumentado peligrosamente el número de víctimas de males respiratorios, cáncer y otras enfermedades. Sin darse cuenta —aunque a veces pareciera hacerlo en forma consciente—, el hombre se ha convertido en un aliado de Satanás en su orgía destructiva.

Hace algunos años, estuve en Turquía. Allí tuve dos experiencias relacionadas con lo que venimos diciendo. La primera fue cuando llegué en barco a la que era la Esmirna de los tiempos bíblicos, ahora convertida en una enorme ciudad industrial. Como era de noche me imaginé una bahía hermosa, pero lo que encontré fue un mar contaminado con los desechos de la industria del cuero y de la misma población. El mal olor que se percibía en el lugar espantaba a cualquiera.

La otra experiencia fue al navegar por el Mar Negro. Durante todo el trayecto vi desperdicios y toda clase de basura flotando en el agua. Ver el Nilo, un tesoro de la humanidad, totalmente contaminado por la mano del hombre es algo en verdad chocante.

Sí, Satanás ha logrado usarnos para ayudarle a contaminar el aire, los ríos, los mares; para exterminar la fauna, los peces, las aves. Para trasladar grandes cantidades de basura al espacio exterior, donde orbitan toneladas de desechos; para ir debilitando la superficie de la tierra mediante la extracción desenfrenada de petróleo. En ese afán destruimos los bosques que nos brindan oxígeno, los reinos vegetal y animal que nos proveen una fuente permanente de alimentación, y toda la provisión maravillosa del Todopoderoso.

Somos los más hábiles destructores de nosotros mismos y los colaboradores más eficientes de Satanás.

Todo lo que Dios creó lo hizo bueno, por eso, antes que el hombre termine con todo eso, Él castigará con severidad a los artífices de esta destrucción maligna limpiando todo lo creado. Dios librará a nuestro planeta de la contaminación ambiental tanto moral como espiritual (Apocalipsis 21.1).

Pero el día del Señor vendrá como ladrón en la noche; en el cual los cielos pasarán con grande estruendo, y los elementos ardiendo serán deshechos, y la tierra y las obras que en ella hay serán quemadas (2 Pedro 3.10).

El diablo trata de destruir todo lo que es de valor para nosotros en nuestra relación con Dios. Él no cejará en sus propósitos hasta que la mano de hierro de Dios lo detenga; pero mientras esto no ocurra, hace todo lo que está a su alcance para llenarnos de enfermedades, plagas y pestes con tal de destruir nuestra salud.

El enemigo intentará llevarnos a la bancarrota económica y de esa forma desanimarnos y angustiarnos para que no tengamos tranquilidad, paz ni gozo y reneguemos del Señor que nos salvó.

El caso más claro de un ataque destructivo a las finanzas es la vida de Job. Satanás logró destruir toda su empresa económica, matando incluso a sus empleados y terminando con sus fuentes de ingresos. «Entonces Job se levantó, y rasgó su manto, y rasuró su cabeza, y se postró en tierra y adoró y dijo: Desnudo salí del vientre de mi madre, y desnudo volveré allá. Jehová dio y Jehová quitó; sea el nombre de Jehová bendito» (Job 1.20, 21).

Como el diablo sabe la importancia de la institución de la familia desde el mismo comienzo de la raza humana, y que ella es obra de Dios, hace todo lo posible por destruirla usando la violencia, la inmoralidad, los medios de comunicación y toda artimaña para lograr su propósito. Pero los que siguen el consejo de Dios a través de la Sagrada Escritura mantienen la victoria al construir sus familias sobre el fundamento que es Jesucristo y su Palabra (Mateo 7.24). Sin embargo, lo que más desea destruir Satanás es nuestra vida espiritual y nuestra relación con Dios. Él sabe que si logra esto nos convertirá en cristianos mediocres, amargados e ineficaces.

En los capítulos siguientes nos referiremos a la manera en que Satanás trata de destruirnos y cómo podemos ser más que vencedores en esta guerra espiritual, pero desde ahora mismo es necesario entender que la violencia satánica está alcanzando niveles nunca vistos porque estamos librando la batalla final, de la cual, otra vez, el diablo resultará perdedor. Derrotado completamente. No perdamos de vista esto. Confiemos en el brazo potente de Jehová Dios de los ejércitos, que no cambia ni tiene sombra alguna de variación. Y que, además, es absolutamente fiel a sus promesas.

Esperemos aun un poquito y pronto todo terminará. Y la lucha espiritual que hemos librado y ganado, será historia. No nos rindamos, que Dios tiene aun para nosotros las mejores cosas y las mejores bendiciones (Apocalipsis 22.12).

San Pablo dijo unas palabras que deben ser una inspiración constante para cada uno de nosotros en la lucha contra las fuerzas del mal. Él dijo:

Pues tengo por cierto que las aflicciones del tiempo presente no son comparables con la gloria venidera que en nosotros ha de manifestarse (Romanos 8.18).

Vale la pena sufrir y aguantar todo lo que sea necesario en este camino cristiano y en el ardor de la batalla que estamos librando. Sí. Vuelvo y repito: «¡No importan las heridas, los golpes y las luchas por las cuales tengamos que pasar en esta hora crucial de la historia. Lo que nos espera más allá en su presencia, y a sus pies, es mayor y más valioso que todo lo que nos podamos imaginar!»

Durante la persecución de la iglesia por el Imperio Romano hubo muchos ejemplos y testimonios de lo que acabo de afirmar. Se cuenta la historia de un grupo de diez nuevos creyentes romanos que fueron condenados a morir quemados y colgando de cruces en las afueras de Roma; antes de que eso ocurriera, sus hermanos en la fe les hicieron la siguiente petición: «Si realmente creen que hay algo mejor más allá de la muerte física, y que Cristo Jesús los espera al otro lado de las llamas que destruirán sus cuerpos, entonces mueran con una sonrisa en sus rostros para que podamos verlos y sus sonrisas nos fortalezcan».

Desde una colina cercana, los creyentes observaron la ejecución de sus hermanos. Y no pudieron sino glorificar a Dios cuando vieron que cada uno de aquellos mártires moría con una amplia sonrisa en su rostro. Y no solo eso, sino que entregaron sus almas a su Salvador elevando cánticos a Él.

Vale la pena seguir adelante y no desmayar. No importa las artimañas del maligno para hacernos volver atrás y renegar de nuestra fe y nuestro Señor. Al final, la victoria será nuestra, porque Cristo ya venció. Porque la tumba permanece vacía mientras el Salvador, que fue sepultado allí, se encuentra ahora a la derecha del Padre intercediendo por nosotros.

Porque las armas de nuestra milicia no son carnales, sino poderosas en Dios para la destrucción de fortalezas, refutando argumentos, y toda altivez que se levanta contra el conocimiento de Dios, y llevando cautivo todo pensamiento a la obediencia a Cristo (2 Corintios 10.4-5).

Capítulo 5

Evitar los extremos en relación con el enemigo

Satanás aparece en la Escritura como el jefe reconocido de los ángeles caídos ... Sigue siendo jefe de los ejércitos angelicales que arrastró con él en su caída, y los emplea en hacer resistencia desesperada contra Cristo y su reino. Repetidamente también se le llama «el príncipe de este mundo», y aun «el dios de este siglo». Esto no significa que él tenga el control del mundo puesto que Dios lo tiene, y Él ha entregado toda autoridad a Cristo; pero esto sirve para dar idea de que Satanás tiene el control de este mundo malo, el mundo que, éticamente, está muy separado de Dios. Esto se indica claramente en Efesios 2.2 donde se le llama «el príncipe de los poderes del aire, del espíritu que obra en los hijos de desobediencia». Es superhumano, pero no divino; tiene grande poder, pero no es omnipotente; ejerce influencia en grande a la vez que en restringida escala y está destinado a ser arrojado en el abismo».[1]

---

1 Louis Berkhof, *Teología Sistemática*, Editorial T.E.L.L., Jenison, MI, 1969, p. 175.

La guerra espiritual, que para los efectos del hombre se inició el mismo día en que Satanás lo tentó en el huerto, está llegando a su fin. Todo parece indicar que seremos nosotros y las generaciones futuras los que tendremos que pelear la batalla final.

El gran enemigo es Satanás, sus huestes demoníacas y todos los que en este mundo de una u otra manera hacen su voluntad. Satanás es un personaje malévolo y engañador. Pretende aparecer ante los creyentes como lo que no es y así, seducirlos y neutralizarlos como partes activas de las fuerzas que luchan, precisamente, contra él.

En este capítulo ofreceremos a los lectores toda la fuerza de nuestros pensamientos según nos los va ordenando el propio Señor, la eficacia de las escaramuzas libradas ya con el enemigo de todas las que hemos salido triunfantes mediante aquel que nos amó, y la ayuda invalorable de la Palabra de Dios, que es, al fin y al cabo, la espada contra la cual ningún poder prevalecerá.

La victoria es nuestra, no importa los muchos esfuerzos que haga Satanás para hacernos creer que eso aun está por verse. Está derrotado en la cruz del Calvario; la sangre de Cristo lo hizo añicos y decretó su muerte y fracaso para siempre. En la medida que entendamos esto y actuemos en consecuencia, Satanás huirá de nosotros cada vez que quiera hacernos daño.

ENCEGUECIDOS POR LA NEGLIGENCIA

En los cuales el dios de este siglo cegó el entendimiento de los incrédulos, para que no les resplandezca la luz del evangelio de la gloria de Cristo, el cual es la imagen de Dios (2 Corintios 4.4).

En el versículo anterior y en muchas otras ocasiones, el apóstol Pablo nos advierte contra la astucia de Satanás para cegarnos y hacernos negligentes en reconocer su verdadero poder. Al cegarnos el entendimiento, su fin es engañarnos y llevarnos a la destrucción no solo moral sino, lo que es muchísimo más grave y doloroso, a la ruina espiritual.

Un poco antes, en 2 Corintios 2.11, con las palabras «para que Satanás no gane ventaja alguna sobre nosotros; pues no ignoramos sus maquinaciones», el apóstol nos llama a reconocer las formas y modos en que se manifiesta Satanás. En su afán por destruir al hombre, creado a la imagen y semejanza de Dios, Satanás adopta todas las formas y modos imaginables. Dentro de esta guerra espiritual, blanco preferido de sus andanadas traidoras son todos los que han hecho la valiente decisión de vivir para Cristo, sirviéndole con todo su corazón, alma, fuerzas y mente: «Amarás al Señor tu Dios con todo tu corazón, y con toda tu alma, con todas tus fuerzas, y con toda tu mente» (Lucas 10.27).

Una vez que reconocemos la existencia y la realidad de los propósitos destructivos del diablo, tenemos que conocer las dimensiones de su poder. No podemos ser negligentes en reconocer que aunque Satanás fue derrotado en la cruz del Calvario, aun retiene una parte de su poder que solo se terminará cuando sea echado, al final de la guerra espiritual, en el lago de fuego.

Y el diablo que los engañaba fue lanzado en el lago de fuego y azufre, donde estaban la bestia y el falso profeta; y serán atormentados día y noche por los siglos de los siglos (Apocalipsis 20.10).

Es importante reconocer la sagacidad y la exacta dimensión del poder del diablo. Si no lo hacemos, estamos en verdadero peligro de caer en sus redes. Además, no debemos dar lugar a que Satanás se aproveche de cualquiera oportunidad para llevar a cabo su misión dañina. Así nos lo advierte el apóstol Pablo cuando nos exhorta a que no demos «lugar al diablo» (Efesios 4.27).

Mi amigo Johnny, casado con una hermosa joven, salía cada fin de semana con un grupo de jóvenes de la iglesia a visitar hogares. Les gustaba cantar alabanzas a Dios, así es que sus visitas eran pequeños recitales de canto cristiano y, por supuesto, testimonio de su fe en Jesucristo.

Todo era muy hermoso, pero mi amigo Johnny, que sí disfrutaba la experiencia, se quejaría luego de la tremenda tentación que le resultaba una de las jovencitas del grupo. Sin embargo, sus quejas no pasaban de ahí, porque el fin de semana siguiente, y el siguiente, y el siguiente, volvía a salir y a alternar con la chica.

Johnny no quiso detenerse a tiempo sino que disfrutó dándole lugar al maligno. El resultado final, triste y lamentable, fue su caída y la ruina de su vida, que sigue destruida hasta este momento en que escribo.

La historia de Johnny nos recuerda lo importante que es, en este tiempo en que libramos la batalla espiritual final, tener un conocimiento cabal de nuestro enemigo. Solo así estaremos listos para alcanzar la victoria.

Sin embargo, muchas veces no nos percatamos de las artimañas del adversario. En el capítulo 2 y versículo 15 del libro Cantar de los cantares, el sabio Salomón dice: «Cazadnos las zorras pequeñas, que echan a perder las viñas; porque nuestras viñas están en cierne». La malicia de Satanás hace que cuando nosotros esperamos el ataque de un gran animal, nos mande pequeñas «zorras», ataques sutiles, de aspecto rutinario e inocente, que vienen a nuestras viñas, o vidas, y destruyen todo lo que encuentran a su paso.

Sí, los ataques que nos lanza Satanás no siempre pueden identificarse como tales a la primera mirada. Quizás podría decir que en la mayoría de los casos usa estas pequeñas zorras (costumbres, atavismos, gustos y preferencias, forma de expresarnos de palabra o de acción) para «torpedear» nuestra vida y poner en nuestras mentes una convicción de derrota y fracaso que no tiene razón de ser en los que creen en el poder de Cristo.

Advertencia apostólica oportuna

Al abundar el apóstol Pedro en este tema de evitar la negligencia a través de tener una debida perspectiva del poder del enemigo, no hay Escritura que recoja esta verdad tan clara y nos ponga en alerta como 1 Pedro 5.8: «Sed sobrios, y velad; porque vuestro adversario el diablo, como león rugiente, anda alrededor buscando a quien devorar».

La exhortación de Pedro es para que estemos en un estado de alerta permanente. Sin embargo, debemos actuar con una paz espiritual tal, que seamos capaces en cualquier momento de detectar los ataques del diablo, sean de la índole que sean.

Los ataques del enemigo los podríamos comparar con un huracán. Por su ubicación geográfica, mi tierra natal, la isla de Puerto Rico, está permanentemente amenazada por ciclones, huracanes y otros fenómenos meteorológicos. En no pocas oportunidades nos han barrido vientos salvajes y lluvias torrenciales que a su paso lo destruyen todo.

Debido a esta permanente amenaza, las autoridades encargadas de proteger a los puertorriqueños de estos enemigos saben que (sobre todo en época de huracanes) no pueden descuidarse ni por un momento. Entonces, toda la infraestructura de protección de la isla se declara en alerta permanente.

Recuerde que aunque los huracanes siguen rutas más o menos fijas, en cualquier momento pueden variar el rumbo, la intensidad de los vientos y la velocidad con que avanzan a través del océano. Precisamente debido a este cambio constante de «disfraces» del enemigo, no se puede confiar en el informe meteorológico de ayer, que señaló al fenómeno un rumbo diferente. Hoy puede lanzarse directamente contra nosotros y si no estamos velando, la ruina será grande. Lo mismo ocurre con la amenaza de Satanás.

Sobriedad versus intemperancia

El apóstol usa la palabra *sobrios* que es todo lo contrario a un estado de embriaguez. La embriaguez hace que la persona pierda el control de sus facultades. El borracho no mide bien las distancias, la vista se le obnubiliza, sus reacciones se hacen torpes e imprecisas y es fácil presa del engaño y de sus pasiones. Fácilmente comete errores de los que a veces tiene que lamentarse toda la vida, si es que en uno de ellos no pierde su propia vida.

En nuestra sociedad vemos preocupación al respecto. Hace poco, en la ciudad de Miami, y supongo que en todas las ciudades del mundo preocupadas por este flagelo, se estuvo presentando en la televisión un anuncio para prevenir que la gente condujera sus automóviles bajo los efectos del alcohol. Se mostraba, en un minuto, a decenas de personas que murieron por accidentes provocados por esta clase de conductores. Y la mayoría de las víctimas eran niños o jóvenes empezando a vivir.

> *Durante millones de años, el diablo ha acumulado experiencia de maldad en su papel de engañador y destructor.*

La sobriedad, en cambio, permite a la persona desarrollar todas sus capacidades para actuar en cualquiera circunstancia. De ahí que San Pedro nos diga: «Sed sobrios».

Pero la sobriedad debe ir aparejada con la actitud de alerta, de vigilancia. De poco nos serviría mantenernos sobrios, pero vivir descuidadamente. Hasta podríamos sentar aquí un principio que parece una ecuación invariable:

$$\text{sobriedad} = \text{vigilancia}$$
$$\text{falta de vigilancia} = \text{falta de sobriedad.}$$

Estas son condiciones excluyentes. No puede la una ser efectiva sin la otra.

En mis treinta y seis años de vida cristiana he visto a no pocos creyentes y ministros del evangelio, viejos y jóvenes, cometer el error de creer que solos pueden contra Satanás. Que su capacidad intelectual, su experiencia en la obra del Señor, incluso la comprensión que tienen de las Escrituras los hará inmunes a las artimañas y lazos del maligno. Muchos de estos, víctimas de su propia negligencia y falta de discernimiento, terminaron innecesariamente en el fracaso más lamentable.

Hace ya algunos años conocí a un joven evangelista que empezaba un ministerio pleno para el Señor. No había dudas que sus comienzos eran auspiciosos y parecía una brillante promesa para la causa del evangelio.

Sentí de Dios, sin embargo, darle un consejo que me pareció oportuno y necesario. Le dije que tuviera cuidado, que me parecía que iba demasiado a prisa, que el camino del cristiano —y más aun, del siervo que Dios está usando con éxito— es difícil y resbaladizo. No entendió mi intención y se molestó. Parecía estar tan seguro de sí mismo que rechazaba de plano cualquiera indicación de alguien con un poco más de experiencia que la suya. Creía que lo sabía todo y que el diablo no podría con él.

Sin duda, ya adivinaron el final de esta historia. Terminó este prometedor evangelista en el más lastimoso fracaso. Satanás no destruyó solo su ministerio, sino también su hogar y su vida. El licor de sus logros le nubló el entendimiento. Hoy día se encuentra mezclado con grupos que sustentan doctrinas de error y parece tan desorientado que nadie podría imaginarse que alguna vez en el pasado vivió bajo la gloriosa luz de Cristo.

Instrumento del diablo

En un momento de negligencia, al no poder reconocer la forma en que Satanás se manifestaba, Jesús vio al apóstol Pedro como un instrumento del diablo. Su preocupación por el bienestar de su Señor no era, en ese momento, otra cosa que una sutil artimaña diabólica para perturbar los planes divinos y, de paso, dar una estocada profunda a la buena fe del apóstol. «Señor, ten compasión de ti; en ninguna manera esto te acontezca» (Mateo 16.22), le dijo, pero bajo la superficie de aquel buen deseo había el intento de Satanás de persuadir a Cristo a no ir a Jerusalén a morir por los pecados del hombre.

¿Cómo dudar de los sentimientos de Pedro? ¿Cómo no percibir la agonía de su espíritu de niño al vislumbrar en el futuro días oscuros tanto para su Maestro como para ellos mismos? Pero aquel no era otra cosa sino el disfraz con que el enemigo se viste cuando quiere arremeter contra la sinceridad de los creyentes.

Por esto, más tarde, y quién sabe si recordando aquel episodio, el propio Pedro nos recomendaría: «Sed sobrios, y velad». Quizás no quería que aquellas duras palabras que le dirigió Jesús, y que se le incrustaron en el corazón como heladas y filosas dagas, «¡Apártate de mí, Satanás, porque me eres estorbo!», las oyeran otros creyentes sinceros pero negligentes.

> *Muchas almas, hogares, ministerios y vidas se han destruido por cosas que parecen muy sentimentales y humanitarias.*

Miles de creyentes viven atormentados por falsos sentimientos de culpa originados en el espíritu perverso del engañador y que no son otra cosa que buenos deseos y sentimientos nobles de fidelidad a Dios. Muchos más han hecho malas decisiones, por escuchar al diablo hablando a través de los labios de un ser amado que, en palabras suaves y sinceras, no han hecho otra cosa que destilar el veneno mortal del enemigo.

Enceguecido y negligente

Judas fue otra víctima de la ceguera y la negligencia que el seguidor de Cristo puede padecer en medio de la batalla espiritual. Al no reconocer las maquinaciones y artimañas de Satanás, prefirió confiar en su alta posición de apóstol, en sus dones como predicador, en la seguridad que le daba el manejar el dinero (por cierto ajeno) del grupo y en los milagros que se manifestaban a través de él. Sin duda pensó que porque andaba junto al Maestro estaba por encima del peligro y el engaño del enemigo.

Este es un grave error que cometemos casi todos los cristianos. Nos olvidamos que mientras más cerca del Señor estemos y más nos enfrasquemos en su obra, más grandes serán los esfuerzos de Satanás por neutralizarnos y, de serle posible, destruirnos.

En Judas Iscariote vemos el resultado de olvidar estas verdades de la guerra espiritual:

Entonces uno de los doce, que se llamaba Judas Iscariote, fue a los principales sacerdotes, y les dijo: ¿Qué me queréis dar, y yo os lo entregaré? Y ellos le asignaron treinta piezas de plata. Y desde entonces buscaba oportunidad para entregarle (Mateo 26.14-16).

El final del drama de la vida de un negligente y ciego espiritual es triste y muy lamentable. Como nos lo señala la Escritura, Judas terminó cometiendo el más ignominioso de los actos que ser humano alguno puede cometer: el suicidio.

Y arrojando las piezas de plata en el templo, salió, y fue y se ahorcó (Mateo 27.5).

Ni usted, ni yo, ni ninguno de los hijos de Dios tenemos por qué terminar así. Sin embargo, es necesario que no seamos negligentes y reconozcamos la experiencia, el poder y la astucia que aún retiene nuestro enemigo. En esta hora apocalíptica, en medio de la batalla espiritual final, cuando Satanás ha lanzado todo lo que tiene contra nosotros porque sabe que su fin se acerca, tenemos que enfrentarlo, como dijo Pedro, con sobriedad y velando permanentemente.

Un llamado a la reflexión con oración

Mi querido lector, hagamos un alto. En este momento quiero que mientras lea esto, examine su condición. Si descubre que es semejante a la que hemos descrito, decida en total humildad reconocer su negligencia y pedirle al Señor que le ayude a reconocer las maquinaciones del diablo y a que le quite su ceguera espiritual. Permítame hacer al Padre la siguiente oración:

> *Dios omnipotente, te pido que ahora mismo tu Espíritu Santo libere de su ceguera espiritual a todos cuantos leen este libro. Y que en esta batalla final el diablo quede totalmente desenmascarado en su derrota. En el nombre de tu Hijo, Cristo. Amén.*

EXAGERAR EL PODER DE SATANÁS

El caso típico de la exageración del poder del enemigo lo vemos en los diez espías que Moisés envió para explorar la tierra prometida al otro lado del Jordán.

> *Y volvieron de reconocer la tierra al fin de cuarenta días. Y anduvieron y vinieron a Moisés y a Aarón, y a toda la congregación de los hijos de Israel, en el desierto de Parán, en Cades, y dieron la información a ellos y a toda la congregación, y les mostraron el fruto de la tierra. Y les contaron, diciendo: Nosotros llegamos a la tierra a la cual nos enviaste, la que ciertamente fluye leche y miel; y este es el fruto de ella. Mas el pueblo que habita aquella tierra es fuerte, las ciudades muy grandes y fortificadas; también vimos allí a los hijos de Anac [es decir, gigantes]* (Números 13.25-28).

Al regresar de su misión, exaltaron la productividad de la tierra, pero pusieron por encima del poder de Dios la potencia de sus habitantes. «No podremos subir contra aquel pueblo, porque es más fuerte que nosotros», dijeron (Números 13.31).

Diez de los doce espías cayeron en la trampa que el diablo tendió, trampa en la que muchas veces caemos nosotros también: exagerar el poder de Satanás dándole más autoridad de la que tiene. En palabras simples, hacerlo más grande y poderoso que Dios.

El diablo permitió que los espías vieran que la tierra era tal como Dios lo había dicho, pero los cegó con miedo e incredulidad. Los llenó de desánimo y los paralizó en su camino hacia la conquista de Canaán. Vieron la fuerza y el tamaño de los habitantes y la grandeza de sus ciudades, pero no vieron la fuerza, el tamaño y la grandeza del Dios que los envió.

Los diez espías llevaron esta exageración a todo el pueblo de Israel y lo contaminaron con ella. El resultado fue crear en el pueblo un estado de rebeldía, murmuraciones y desánimo.

Y hablaron mal entre los hijos de Israel de la tierra que habían reconocido, diciendo: La tierra por donde pasamos para reconocerla es tierra que traga a sus moradores; y todo el pueblo que vimos en medio de ella son hombres de grande estatura ... Entonces toda la congregación gritó y dio voces; y el pueblo lloró aquella noche. Y se quejaron contra Moisés y contra Aarón todos los hijos de Israel; y les dijo toda la multitud: ¡OJALÁ muriéramos en la tierra de Egipto; o en este desierto ojalá muriéramos! ¿Y por qué nos trae Jehová a esta tierra para caer a espada, y que nuestras mujeres y nuestros niños sean por presa? ¿No nos sería mejor volvernos a Egipto? (Números 13.32; 14.1-3, énfasis del autor).

> Una de las tácticas del enemigo es llenarnos de miedo y hacernos creer que nuestro problema no tiene solución, que nuestra necesidad no tiene salida y que nuestro enemigo es mayor que nuestro Dios.

Por esta actitud de incredulidad y exageración del poder de sus enemigos, aquella generación de israelitas no pudo entrar a poseer la tierra. Atrasaron, además, el plan de Dios para esa nación y muchos sufrieron, incluso la muerte. (Véase Números 14.11-45.)

Muchos creyentes han perdido la felicidad y viven llenos de miedo y fracaso por haber exagerado el poder de Satanás. Conocí a una creyente que desarrolló un insomnio de graves características por temor a dormirse y a que Satanás la atacara. Y a otro que exageraba tanto el poder del diablo que en su empleo no podía concentrarse en su trabajo. Se pasaba el día reprendiendo al demonio. Al final lo despidieron por ineficiente.

La buena actitud

La buena actitud en esta situación fue la que adoptaron Josué y Caleb, quienes fueron los otros dos espías que completaban el número de doce. Las palabras de Josué y Caleb, ante la rebeldía de un pueblo bajo la influencia de la incredulidad y la exageración respecto del enemigo, fueron estas:

> *Cuando exageramos el poder de Satanás no solo nos autolimitamos, sino que contaminamos a todos los que nos rodean.*

Entonces Caleb hizo callar al pueblo delante de Moisés y dijo: Subamos luego, y tomemos posesión de ella; porque más podremos nosotros que ellos. La tierra por donde pasamos para reconocerla, es tierra en gran manera buena. Si Jehová se agradare de nosotros, Él nos llevará a esta tierra, y nos la entregará ... porque nosotros los comeremos como pan; su amparo se ha apartado de ellos, y con nosotros está Jehová; no los temáis (Números 13.30; 14.7-9).

El resultado final de este episodio en la historia del pueblo de Israel fue que los únicos que de aquella generación entraron a la tierra prometida fueron Josué y Caleb.

Si en esta batalla final usted quiere lograr la victoria y conquistar las bendiciones que Dios le ha prometido, tiene que comprender que mientras Satanás es poderoso, ¡Jesucristo es todopoderoso! La Biblia nos lo afirma:

Jesús dijo: Toda potestad me es dada en el cielo y en la tierra (Mateo 28.18).

Hijitos, vosotros sois de Dios, y los habéis vencido; porque mayor es el que está en vosotros, que el que está en el mundo (1 Juan 4.4).

Falta de conocimiento

El profeta Oseas, con respecto a la ignorancia que exhibía el pueblo en cuanto a discernir los caminos de Dios, escribió: «Mi pueblo fue destruido, porque le faltó conocimiento» (Oseas 4.6).

Dios anhela que todos tengamos «el conocimiento de la verdad» (1 Timoteo 2.4), para que no nos dejemos engañar por quienes «emplean las artimañas del error» (Efesios 4.14).

La falta de conocimiento puede conducirnos a crear falsos conceptos del poder de Dios. Aunque no es menos cierto que la Escritura está llena de advertencias sobre el poder y la astucia del diablo, también está llena de promesas para quienes sirven y honran al Señor. Además, contiene una amplia gama de promesas de victoria a la vez que revelaciones claras y categóricas sobre las limitaciones de Satanás.

Aunque la Escritura se refiere a Satanás como el dios de este siglo, no deja de dejar establecida su limitada capacidad operativa. Además, note que cuando se usa la palabra dios en referencia al diablo, se usa la minúscula, como las referencias a los falsos dioses.

Dios es Dios por los atributos que lo ponen por sobre todo lo creado. Él creó todo lo que existe en el vasto universo, por cuya razón todo, absolutamente todo, está supeditado a Él.

Yo soy el Alfa y la Omega, principio y fin, dice el Señor, el que es y que era y que ha de venir, el Todopoderoso (Apocalipsis 1.8).

El testimonio bíblico no deja lugar a dudas acerca de la condición de Todopoderoso y de Omnipotente del Dios creador de todas las cosas que es, precisamente, el Dios nuestro. No nos dejemos confundir, conocer a Dios debe ser nuestra meta.

Las limitaciones del poder de Satanás

Veamos el siguiente caso. El relato del incidente lo encontramos en 1 Reyes 18.20-40. Según el texto bíblico, el profeta

Elías se enfrenta a los falsos profetas de Baal y les lanza el reto: «El Dios que respondiere por medio de fuego, ese sea Dios» (1 Reyes 18.24).

Si hay en la Biblia un acontecimiento donde se puede ver el poder restringido de Satanás frente a la omnipotencia de Dios, es aquí, en la confrontación de Elías con los profetas de Baal, en lo alto del monte Carmelo.

La Escritura dice que los sacerdotes de Baal clamaban a grandes voces y se sajaban con cuchillos y con lancetas, conforme a su costumbre, hasta que brotaba la sangre de sus cuerpos heridos. Los profetas de Baal acostumbraban llevar a cabo ritos sangrientos. En este caso específico, se trataba de lograr que Satanás manifestara su poder, haciendo descender fuego sobre el sacrificio de sus servidores.

Según algunos historiadores, no era raro que los profetas consiguieran sus propósitos y vieran descender fuego, por cierto no procedente de Dios, sino de Satanás. Ritos como estos se han visto en Haití y otras naciones donde está extendida la práctica del vudú y otros cultos paganos.

También el libro de Job nos habla del fuego que cayó del cielo sobre los pastores y las ovejas del patriarca, quemándolos y matándolos (1.16). Cuando el que le lleva la noticia a Job atribuye a Dios ese fuego, lo hace por la misma razón que muchos culpan al Altísimo de todos sus males. Esto no es más que ignorancia, ceguera espiritual y falta de conocimiento.

No hay que escudriñar mucho en la historia de Job para descubrir que todas las desgracias que le sobrevinieron de repente al patriarca fueron obra de Satanás, aunque con el permiso y control de Dios. La advertencia de Dios fue esta: «He aquí todo lo que tiene está en tu mano; solamente no pongas tu mano sobre él. Y salió Satanás de delante de Jehová» (Job 1.12).

Tanto en el caso de Job como en el de Elías y los profetas de Baal se demuestra el poder limitado del diablo en relación con Dios y sus hijos. En Job se prueba que el diablo puede llegar solo hasta donde Dios y nosotros se lo permitimos. En el caso de Elías, el milagro más grande en la confrontación con los profetas de Baal no fue que Dios mandara fuego del cielo, pues eso era fácil para Jehová, sino lo que nos dice 1 Reyes 18.29:

Pasó el mediodía, y ellos siguieron gritando frenéticamente hasta la hora de ofrecerse el sacrificio, pero no hubo ninguna voz, ni quien respondiese ni escuchase.

Es evidente que en todo este frenesí de peticiones de respuestas y de espera de milagros, algo pasó en el mundo espiritual; algo que solo se puede sentir y discernir con el espíritu.

En el mundo espiritual hubo un milagro mayor que el que a los ojos del mundo ocurrió. Dios manifestó su soberanía y omnipotencia y dejó al desnudo el poder limitado de Satanás. El fuego que los falsos profetas baalitas estaban acostumbrados a ver manifestarse en sus ritos no bajó.

Consideramos que en ese momento Dios le dijo a Satanás: «¡Basta ya! ¡Hasta aquí llegas tú! No irás más lejos». El resto es historia. Lo grandioso de todo es el que Dios detuviera el poder de Satanás para manifestar su propia gloria en favor de su pueblo: «Entonces cayó fuego de Jehová» (1 Reyes 18.38).

En nuestra propia participación como creyentes en la batalla final contra el reino de las tinieblas, es menester que tengamos estas verdades bien definidas y claramente perfiladas en nuestras mentes y corazones. El todopoderoso Dios controla el poder del diablo. Satanás, como un ser creado no divino es atado de manos cuando el creyente en Cristo Jesús se protege bajo el poder de Dios. Cuando el creyente clama con fe y convicción, y pone el resultado de su clamor en las manos de Dios, Él actúa y Satanás huye despavorido. Los resultados que los seguidores del diablo esperan que se produzcan no se logran. Y no se logran porque la fuente está intervenida. Dios ha puesto su sello, y cuando Él sella, nada ni nadie puede mover un dedo. Ni siquiera el diablo, que tanto poder aparenta tener.

El sometimiento a Dios

En esta batalla final de los tiempos, Satanás ha incrementado sus fuerzas y ataques contra su Iglesia, contra los valores cristianos, contra toda piedad y contra todo el que sirva al Señor. El diablo sabe que su tiempo de destrucción eterna está a las puertas, por eso se desespera y lanza andanadas destructoras por doquier. ¿Qué le corresponde hacer al cristiano, mientras enfrenta la iracundia del diablo?

Ya lo hemos señalado: No puede confiar en sus propias fuerzas, porque eso significaría su derrota y fracaso. No puede esperar benevolencia del enemigo, porque el enemigo es inflexible en su crueldad y no sabe de perdones ni de misericordias. Cuando llegó el momento en que el pueblo de Dios iba a tomar posesión de la tierra prometida, las instrucciones de Dios respecto a los pueblos enemigos que encontrarían habitando la tierra fue categórica: destrúyanlos. Todo. Personas, animales, bienes. Que no quede nada. Es la única forma de ganar la batalla espiritual en la que nos encontramos enfrascados. Pero para lograr esta victoria hay que poner en práctica el consejo de Santiago:

Someteos, pues, a Dios; resistid al diablo, y huirá de vosotros (Santiago 4.7).

Tenemos que someternos a Dios mediante la fe, la oración, el ayuno, la entrega sin reservas a su gracia. Tenemos que someter a Dios todo lo que tenemos. Y solo así, «Satanás huirá de vosotros».

Si se encuentra hoy luchando contra las maquinaciones y los ataques del maligno, recuerde que el poder del diablo es incomparablemente menor que el de Dios bajo cuyas alas Él le invita a refugiarse.

Y el Dios de paz aplastará en breve a Satanás bajo vuestros pies (Romanos 16.20).

Cada vez que el diablo le susurre al oído que no puede ser un cristiano victorioso y trate de engañarle haciéndole creer que Dios no es tan grande como realmente es, recuérdele simplemente que él no tiene un futuro muy provisorio que se diga. Cuando mire a su alrededor en esta batalla final de los siglos y haya momentos en que le parezca que Satanás va ganando, recuérdele la cruz del Calvario y el lago de fuego. Verá cómo se debilita hasta alcanzar su potencial real.

Y prendió al dragón, la serpiente antigua, que es el diablo y Satanás, y lo ató por mil años ... Y el diablo que los engañaba fue lanzado en el lago de fuego y azufre (Apocalipsis 20.2,10).

El diablo llegará hasta donde Dios se lo permita y usted y yo le demos lugar. Quiero que entienda que para mí el principal propósito al escribir este libro ha sido ayudarle a visualizar el tremendo poder que Dios ha puesto a nuestra disposición. A que entienda que el enemigo, que tan fiero se nos presenta y que pretende pasar por invencible, es vulnerable, tiene sus limitaciones y está condenado al fracaso final.

> *El lugar más seguro para el creyente es el hueco de la mano de Dios; y hasta allí se llega por el camino de la obediencia y la sumisión.*

Satanás quiere hacernos creer que él, como Dios, es omnipresente; pero no lo es. No puede estar en todas partes. Tampoco puede penetrar hasta nuestros pensamientos y leerlos (por eso es tan adicto a la adivinación, la que practica con todos sus secuaces, demonios y humanos, que usted tan bien identifica). Satanás puede multiplicarse solo a través de su ejército de demonios, los que también están sujetos a limitaciones. Satanás siempre tratará de convencerle de lo que no es, pero recuerde que, como dice Juan 8.44, es padre de mentira.

En 1972 mi esposa y yo nos encontrábamos en la ciudad de Bolívar, Venezuela, donde llevábamos a cabo una cruzada. Muchas personas se entregaron al Señor y, como en los tiempos de la iglesia primitiva, Dios hacía milagros portentosos.

De pronto, Satanás desató una furiosa persecución contra nosotros. Las autoridades del estado nos prohibieron, bajo amenaza de cárcel, seguir con la cruzada. Satanás empezó a susurrarnos que habíamos fracasado, que todo estaba terminado allí y que había triunfado. Nos tiramos de rodillas en el pequeño cuarto del hotel que quedaba sobre un monte. Desde allí lográbamos una hermosa vista de la ciudad y del imponente río Orinoco, que al observarlo ahora, nos parecía que unía sus lágrimas a las nuestras, reclamando las promesas del Dios que nos había llevado hasta allí. Le mencionamos al Señor su compromiso con nosotros y el hecho que el diablo no era más poderoso que Él. Al terminar de orar sentimos la paz de Dios en nuestros corazones y la confianza de aquella palabra de fe que se encuentra en Deuteronomio 28.7: «Jehová derrotará a tus enemigos que se levantaren contra ti; por un camino saldrán contra ti, y por siete caminos huirán de delante de ti».

Salimos rumbo al palacio del gobernador. Queríamos pedirle su intervención para que se nos devolviera la autorización para terminar la cruzada.

Al pararnos frente al palacio en la Plaza Bolívar, el Señor me dijo: «Mira al cielo». Lo hice y pude ver una pequeña nubecita negra a la que no di mayor importancia. Esperamos casi una hora para que nos atendieran, pero nadie venía. De repente, el lugar tembló. Sobre el edificio cayó un rayo que estremeció edificio y personas. Los antiguos relojes de la catedral que quedaba frente al edificio de gobernación se hicieron trizas. Al mirar hacia afuera, me di cuenta que la pequeña nubecita negra era ahora una inmensa nube que cubría toda la ciudad. Una terrible tormenta azotaba furiosa la ciudad de Bolívar. Emocionado ante lo que veía, grité:

«¡Señor, mándales otro rayo!» Mi esposa me regañó, diciéndome que cerrara la boca. Yo añadí, mentalmente: «¡Para que sepan que tú nos mandaste a esta ciudad!» Al instante, cayó otro rayo. Salió fuego por los teléfonos.

Frente al edificio del jefe de la policía del estado, desde donde nos prohibieron seguir predicando, cayeron dos rayos más. Los testigos dicen que el jefe de policía temblaba como un niño ante la presencia visible del Señor.

En las calles la gente comentaba sobre lo enojado que estaba Dios por lo que le habían hecho a un enviado suyo. Al día siguiente, el gobierno nos renovó el permiso y la persona a la que le correspondió darnos la autorización fue el mismo jefe de la policía del estado de Bolívar que nos había amenazado con echarnos a la cárcel.

Con este testimonio que vivimos intensa y dramáticamente mi esposa y yo hace algunos años, quiero decirle que el Dios nuestro es mayor y más poderoso que el diablo y todos los ejércitos del infierno. Que de ser necesario, nuestro Padre es capaz de mover cielo y tierra por uno de sus hijos: «El que no escatimó ni a su propio Hijo, sino que lo entregó por todos nosotros, ¿cómo no nos dará también con Él todas las cosas?» (Romanos 8.32).

Levántese y comience a ver más allá del Jordán de su vida. Y en medio de las luchas que hoy experimenta en esta gran batalla final, proclame con toda la intensidad de su ser: «Gracias sean dadas a Dios, que nos da la victoria por medio de nuestro Señor Jesucristo» (1 Corintios 15.57).

Señor, te pido que selles en el corazón de mi querido amigo lector esa gran verdad de que si el diablo es poderoso, nuestro Señor Jesucristo es Todopoderoso. Además, le des la certidumbre que si confiamos en ti, no tenemos que temerle a nada ni a nadie, pues tu palabra es verdad cuando nos asegura la victoria en el poder de la sangre vertida en la cruz del Calvario. Y porque «en todas estas cosas somos más que vencedores por medio de aquel que nos amó» (Romanos 8.37). Amén.

Segunda parte

La batalla final en la vida del creyente

Capítulo 6

Desnaturalizar la auténtica y dinámica relación con Cristo

Yo creo que en la creación el hombre recibió cinco sentidos físicos, y un sexto en su mente. La mente de la humanidad debe de haber sido extremadamente poderosa ya que Adán pudo ponerle nombre a todo lo creado. Ese don mental fue arruinado por el pecado, y como resultado, mucho de su poder se ha perdido.

Es mi convicción personal que al hombre también le fue dado un sexto sentido en el espíritu. Superior y más poderoso que los otros seis, tiene la capacidad de recibir el Espíritu de Dios y desarrollar sus características hasta cierto límite, lo que le permite pensar los pensamientos de Dios, sentir los sentimientos de Dios, decir las palabras de Dios y hacer las obras de Dios. Esto fue parte de la creación original, pero también se perdió por causa del pecado. Restaurada mediante Jesucristo, este conocimiento es la fuente del poder en la vida de los creyentes ...

Una nueva creación en Cristo Jesús tiene un poder que el no regenerado no puede imaginar. Tener «la mente de Cristo» y «ser guiado por el Espíritu de Dios» es poder pensar, actuar, y ser motivado por ese séptimo sentido. ¡Es sobrenatural! Es también por eso que los que no son creyentes se frustran tanto con los cristianos. Los creyentes viven en un plano más alto, lo que demanda fe y disciplina de la mente y del cuerpo, pero ese es un precio pequeño que hay que pagar por vivir una vida tan alta».[1]

En esta segunda parte de *La batalla final* veremos cómo esta guerra espiritual afecta la vida del creyente, y desenmascararemos a Satanás en sus intentos de destruir la auténtica y dinámica relación del cristiano con su Redentor.

Esta obra de Satanás tiene el propósito de:

■ Apartarnos del camino de la verdad y de la salvación que hemos encontrado en Cristo Jesús.
■ Impedir nuestro crecimiento espiritual.
■ Robarnos el gozo y la paz.
■ Dañar nuestra autoestima y hacernos creer que en una sociedad que nos rechaza, somos inferiores.
■ Sembrar en nuestros espíritus un sentimiento de culpa.
■ Desmoralizarnos, es decir, llevarnos a practicar una vida inmoral, y llenarnos de soberbia.

Antes de referirnos a los propósitos diabólicos enumerados es necesario que entendamos que la guerra espiritual del cristiano comienza mucho antes de tomar la decisión de aceptar a Cristo y entregarle la vida a Él.

En los cuales el dios de este siglo cegó el entendimiento de los incrédulos para que no les resplandezca la luz del evangelio de la gloria de Cristo, el cual es la imagen de Dios (2 Corintios 4.4).

---

1   Edwin Louis Cole, *Hombres fuertes en tiempos difíciles*, Editorial Betania, Miami, FL, 1994, pp. 66-68.

OBSTÁCULOS PARA LA SALVACIÓN

La meta suprema del diablo es lograr que ni una sola persona venga a los pies de Jesucristo y que por este acto de fe sea liberada de sus ataduras espirituales. Por eso decimos que la guerra espiritual del creyente comienza antes de su conversión. Se necesitarían miles de libros para describir las artimañas que usa el adversario para enceguecer el entendimiento de las personas e impedir que les resplandezca la verdad redentora del evangelio. Nosotros aquí señalaremos en sus rasgos más obvios los recursos del enemigo por destruir lo que Dios en su misericordia trata de construir en la vida del creyente.

La expresión de San Pablo, «cegar el entendimiento», es la más apropiada para explicar algunos de los métodos satánicos a los que nos venimos refiriendo. Con los elementos que usa procura, precisamente, impedirnos ver la gracia, la misericordia y el amor de Dios manifestados en la muerte de Cristo. No solo hace del hombre un ciego espiritual, sino que incluso embota su capacidad espiritual de entender que el poder de Dios en Cristo es infinitamente superior. Como decimos en la cita de Edwin Louis Cole al comienzo del capítulo, trata de inutilizar el sexto sentido espiritual que Dios nos ha dado. Y por cierto, en muchos casos lo logra, si no definitiva, a lo menos temporalmente. Sin embargo, cuando mediante el poder de Dios la luz del evangelio irrumpe en la oscuridad del alma humana, las tinieblas huyen derrotadas y el pecado y la muerte son barridos de la vida de la persona liberada.

Justicia propia

Infinidad de personas se dejan engañar por la mentira didáctica de Satanás de que son lo bastante buenas, cumplen con los deberes religiosos mínimos que se les demanda (asistir a la iglesia una vez a la semana y llevar sus ofrendas con regularidad) y, en fin, no le hacen mal a nadie. De esta manera rechazan toda posibilidad de que el Espíritu Santo les haga sentir su condición de culpabilidad y su necesidad de salvación.

La falsedad de la justicia propia es uno de los grandes obstáculos que Satanás pone en el camino de muchos para que no vayan al Señor Jesucristo. Tales personas piensan que sus buenas obras y su vida moral les garantiza la entrada al Reino de Dios por otra puerta que no es el arrepentimiento. Esta otra puerta no existe.

En la parábola del fariseo y el publicano Jesús se refiere a esta ceguera espiritual. Dice el Señor: «Dos hombres subieron al templo a orar: Uno era fariseo, y el otro publicano. El fariseo, puesto en pie, oraba consigo mismo de esta manera: Dios, te doy gracias porque no soy como los otros hombres, ladrones, injustos, adúlteros, ni aun como este publicano; ayuno dos veces a la semana, doy diezmos de todo lo que gano» (Lucas 18.10-12).

> *Jesucristo lo dijo en forma categórica: «Yo soy la puerta, el que por mí entrare, será salvo».*

Esta condición se manifiesta a través de dos actitudes, de las cuales la primera es la estrategia de comparar nuestra vida con las de los demás y de esa forma sentirnos justos ante nuestros propios ojos. Las palabras del fariseo, «no soy como los otros hombres, ladrones, injustos, adúlteros, ni aun como este publicano», demuestran ese sentimiento de creer que solo los pecados que se ven en los demás son susceptibles a castigo y condenación. Pero Jesús nos enseña que el pecado comienza dentro del corazón de la persona y que lo que vemos en el exterior es el resultado de lo que comienza adentro.

Porque del corazón salen los malos pensamientos, los homicidios, los adulterios, las fornicaciones, los hurtos, los falsos testimonios, las blasfemias (Mateo 15.19).

Basados en este principio espiritual todos los hombres y

mujeres sobre este planeta son pecadores y necesitan la salvación y el perdón de sus pecados. Esta es una condición no sujeta a negociación. No se ha dado el caso en la historia del hombre en el que Dios haya autorizado a alguien para entrar a su gracia por otra vía que no sea la que Él estableció en el Antiguo Testamento y la que Cristo trazó en la era del Nuevo Testamento. Nadie, por más religioso que pretenda ser, por más títulos que ostente, por más alta que sea su posición dentro de la iglesia, o de la sociedad. Nadie, absolutamente nadie, puede llegar al Padre si no es por la puerta de la humillación y del reconocimiento del poder de la sangre de Cristo para lavar sus pecados. La frase «Cristo es mi Salvador» resume todo el proceso de cambio que Dios opera desde adentro de la persona y que garantiza la vida eterna.

> *La frase «Cristo es mi Salvador» resume todo el proceso de cambio que Dios opera desde adentro de la persona y que garantiza la vida eterna.*

La frase «Cristo es mi Salvador» que nadie puede pronunciar si no ha experimentado la regeneración genuina que el Espíritu Santo lleva a cabo en el corazón contrito y humillado, indica la liberación de la persona de la sentencia condenatoria que encontramos en Romanos 3.23: «Por cuanto todos pecaron, y están destituidos de la gloria de Dios». Quien pueda decir con sinceridad y absoluta certeza que Cristo es su Salvador, está dando fe del milagro más maravilloso que obra por el poder de Dios en la vida del ser humano.

La segunda actitud que revela esta condición de justicia propia es la de apariencia de piedad. En las palabras jactanciosas del fariseo, «ayuno dos veces a la semana, doy diezmos de todo lo que gano», se manifiesta este espíritu de soberbia espiritual que mantiene a muchos ciegos del alma. Tales personas creen que sus ritos, tradiciones y expresiones religiosas son suficientes como para conseguirles la salvación. Al creer que están perfectamente justificados a los ojos de Dios, el enemigo los lleva lenta pero seguramente a su propia perdición sin que tan siquiera se den cuenta.

Muchos me dirán en aquel día: Señor, Señor, ¿no profetizamos en tu nombre, y en tu nombre echamos fuera demonios, y en tu nombre hicimos muchos milagros? Y entonces les declararé: NUNCA OS CONOCÍ; apartaos de mí, hacedores de maldad (Mateo 7.22,23, énfasis nuestro).

Que tendrán apariencia de piedad, pero negarán la eficacia de ella (2 Timoteo 3.5).

Demasiado malo

La siguiente artimaña de Satanás para impedir que una persona sea salva es la de hacerle creer que es demasiado mala para que Dios tenga misericordia de ella. «Soy demasiado malo», dicen unos. «No tengo perdón de Dios», dicen otros. Pero este es un vil y diabólico engaño de quien quiere la perdición eterna del ser humano.

Esto fue algo que yo también viví. Había caído tan profundo en el abismo del pecado que día y noche resonaba en mi conciencia aquella voz que me decía que para mí no había esperanza ni salvación. Ahora que miro hacia atrás, reconozco sin lugar a dudas que aquella era la voz de Satanás para convencerme de una perdición que si bien era cierto por lo mala que había sido mi vida, de ninguna manera era algo sin esperanza, como pude experimentarlo más tarde. Esa voz me persiguió hasta la misma noche de mi conversión, como lo relato en la introducción de este libro. Me decía el diablo: «Tú has cometido pecados tan horribles que Dios no te puede perdonar».

Tengo que reconocer que después de experimentar la hermosa y maravillosa experiencia del perdón me vi enfrascado en una lucha enorme al enfrentar una voz y una fuerza tan tenebrosa que daba la impresión de ser tan potente que insistía en hacerme creer que todo aquello era una ilusión.

Pero gracias a Dios que me aferré a su promesa y con esta actitud permití que el poder divino derrotara finalmente a aquella voz. Y esa fuerza que parecía incontrarrestable llegó a quedar en evidencia como una mentira más de Satanás.

El efecto, sin embargo, que esta arma maligna tiene en muchas personas es el rechazo a la invitación de salvación y que pasen a la eternidad sin Cristo. ¡Punto para Satanás! ¡Victoria para el reino de las tinieblas!

En mis treinta y seis años de ministerio he visto la gracia, la misericordia y el amor de Dios alcanzar a toda clase de personas, en cuyas vidas se hace realidad esa verdad indiscutible expresada en Juan 3.16: «Porque de tal manera amó Dios al mundo, que ha dado a su Hijo unigénito, para que todo aquel que en Él cree no se pierda, sino que tenga vida eterna».

Desde mi amada abuelita, la profesora Juana Mercado, que fue un ejemplo de virtud y moral en medio de un mundo corrupto hasta una prostituta como Beatriz, la ramera más conocida de la ciudad de Puerto Ordaz en Venezuela, mujer destruida por el pecado y desechada por la sociedad, he visto personas reconocer su necesidad de Jesucristo y ser perdonadas y transformadas por el poder de la sangre del Señor. El cambio que experimentaron doña Juana y Beatriz echa por el piso las dos enormes mentiras de Satanás a las que venimos refiriéndonos.

Por supuesto que el adversario usará cualquier otro medio para que el hombre no crea en Cristo: los malos testimonios de los que se llaman cristianos y a veces hasta ministros del evangelio, las ataduras sexuales, el amor por las cosas materiales y los placeres del mundo. Pero referirnos a esto en detalle sería tema para otro libro. Baste por ahora dejar sentadas las bases de toda la estrategia demoníaca para impedir la salvación entre los seres humanos.

Como punto final a este capítulo, y antes de entrar en la guerra espiritual y batalla final en la vida del creyente, cito dos versículos que apoyan nuestra argumentación:

Si decimos que no tenemos pecado, nos engañamos a nosotros mismos, y la verdad no está en nosotros. Si confesamos nuestros pecados, Él es fiel y justo para perdonar nuestros pecados, y limpiarnos de toda maldad (1 Juan 1.8, 9).

El creyente que ya venció todas las trampas y mentiras que Satanás puso en el camino de su salvación y pudo llegar hasta los pies de Cristo en la cruz del Calvario sabe encontrarle sentido a estas sentencias del apóstol Juan. Y lo sabrá todo aquel que sigue los pasos de los creyentes fieles que honran con sus vidas al Todopoderoso Dios y a su Hijo, el Salvador Jesucristo.

Capítulo 7

Tratar de alejarnos del Padre o el síndrome del hijo pródigo

También dijo: Un hombre tenía dos hijos; y el menor de ellos dijo a su padre: Padre, dame la parte de los bienes que me corresponde; y les repartió los bienes. No muchos días después, juntándolo todo el hijo menor, se fue lejos a una provincia apartada; y allí desperdició sus bienes viviendo perdidamente. Y cuando todo lo hubo malgastado, vino una gran hambre en aquella provincia, y comenzó a faltarle. Y fue y se arrimó a uno de los ciudadanos de aquella tierra, el cual le envió a su hacienda para que apacentase cerdos. Y deseaba llenar su vientre de las algarrobas que comían los cerdos, pero nadie le daba. Y volviéndose en sí, dijo: ¡Cuántos jornaleros en casa de mi padre tienen abundancia de pan, y yo aquí perezco de hambre! Me levantaré e iré a mi padre, y le diré: Padre, he pecado contra el cielo y contra ti. Ya no soy digno de ser llamado tu hijo; hazme como a uno de tus jornaleros. Y levantándose, vino a su padre. Y cuando aún estaba lejos, lo vio su padre, y fue movido a misericordia, y corrió, y se echó sobre su cuello, y le besó.[1]

---

1 Parábola del hijo pródigo, Lucas 15.11-20.

Cada nuevo convertido despierta una enorme envidia en Satanás. Lo irrita hasta la desesperación verlos disfrutando ahora de su salvación eterna después de haber estado preso en sus redes. Y es que Satanás sabe que no tiene ninguna posibilidad de recuperar los privilegios y bendiciones que una vez Dios le dio y que él menospreció. Y eso, entonces, llena de mayor furia su ya furibundo comportamiento: «Perfecto eras en todos tus caminos desde el día que fuiste creado, hasta que se halló en ti maldad» (Ezequiel 28.15).

Nuestro enemigo sabe que nunca podrá obtener el perdón y la salvación que se nos ha dado a nosotros a través del sacrificio expiatorio de Cristo. Y sabe también que según el decreto de Dios su destino es la condenación eterna en el lago de fuego y azufre. Entiéndase que cuando se habla de condenación eterna no nos referimos a la aniquilación o la destrucción, sino de un castigo en conciencia y conocimiento pleno en el lago de fuego y azufre.

En la vida cristiana, como en el nacimiento de un nuevo bebé, el tiempo más crítico en la supervivencia son los primeros días, semanas y meses. Cuando se cree que con la salvación se acabaron las tentaciones, las pruebas y los ataques del enemigo. Cuando se carece de la experiencia en el caminar cristiano y de la sabiduría para sortear los obstáculos y saber encontrar la vereda adecuada en el gran camino de la vida eterna.

Una vez que ya estamos en los caminos del Señor, el propósito de Satanás cambia. De impedir nuestra salvación —lo que no consiguió cuando éramos sus esclavos— a tratar de extraviarnos, de descarrilarnos. Aquella expresión de Jesús, «y nadie los arrebatará de mi mano» (Juan 10.28), pareciera impresionarlo, pero no lo suficiente como para hacerlo desistir de sus propósitos.

Quizás mi experiencia sea la misma de mi amigo lector. Después que me entregué a Cristo, los pensamientos cargados de perversión eran mayores. Las dudas, más grandes. La inseguridad, abismante. Muchas veces no sabía hacia dónde dirigir la vista ni mis pasos. Había días en que me olvidaba completamente que era creyente y que era un hijo de Dios. Olvidaba que tenía miles de promesas a mi disposición no solo para darme la victoria en cada prueba, sino para hacerme feliz, infinitamente feliz, como lo aprendí y empecé a vivir con el tiempo.

Poco a poco, gracias al conocimiento que fui adquiriendo de la Biblia, a mis propias experiencias que ahora eran vistas y vividas desde una perspectiva diferente, y al sabio consejo de experimentados cristianos que ya habían viajado por esa antigua carretera, todo fue cambiando. Pude entender que desde los apóstoles —para no ir más atrás— hasta el día actual, todos los cristianos hemos cruzado el mismo valle de oposición satánica. Que todos y cada uno de los hijos de Dios hemos tenido que aprender que estamos en una guerra espiritual. Que al haber escogido estar del lado de la luz, de la verdad y de la justicia, hemos decidido voluntariamente estar al lado del triunfo final. Que Satanás y sus ejércitos son nuestros más feroces adversarios. Que harán todo lo que esté a su alcance para sacarnos del lado de Cristo y llevarnos a tinieblas, fracasos, dolores y frustraciones peores que antes.

> *Me asustaban las tentaciones, las pruebas y los malos pensamientos. Era Satanás que intentaba hacerme volver atrás.*

Amados, no os sorprendáis del fuego de prueba que os ha sobrevenido, como si alguna cosa extraña os aconteciese, sino gozaos por cuanto sois participantes de los padecimientos de Cristo, para que también en la revelación de su gloria os gocéis con gran alegría (1 Pedro 4.12,13).

EL SÍNDROME DEL HIJO PRÓDIGO

La obsesión maligna y perversa de Satanás es inducir al creyente a abandonar la casa del Padre con toda la riqueza que este le ha dado. Quiere que vaya a «disfrutar» del mundo con sus luces y sus oropeles, persiguiendo quimeras que al final no resultan ser otra cosa sino algarrobas dignas de puercos. La lección del hijo pródigo debería ser argumento suficiente para saber que todo lo agradable que pueda ofrecer el enemigo radica en sensaciones y temporalidades y, por lo tanto, algo que tarde o temprano —me atrevería a decir más temprano que tarde— perece.

Al dar lugar al deseo sensual, el hijo pródigo hizo que ese deseo se transformara en obsesión. No hubo razonamiento válido ni reflexión que prosperara. Sin duda que su conciencia le habló muchas veces sobre desistir de su afán de irse de la casa del padre. Pudo más la perspectiva de «pasarlo bien» donde nadie lo conociera. Lejos del ojo compasivo del padre, podría dar rienda suelta al placer. Para eso tenía dinero. Y con el dinero podría conseguir todo lo que quisiera, incluso amigos. Esos mismos que una vez que se empobreció lo abandonaron, como ocurre siempre.

Satanás estaba feliz. Consiguió separar al hijo del padre. Lo demás, sería cosa de tiempo. La destrucción del cuerpo del muchacho precedería a la entrada de su alma en el infierno. Habría que esperar.

Hay camino que al hombre le parece derecho;
Pero su fin es camino de muerte
(Proverbios 14.12).

Pero aquel día nunca llegó, porque el muchacho, después que comprobó la futileza de lo que el mundo le ofrecía, de haber malgastado su vida y sus bienes viviendo perdidamente, decidió volver a la casa de su padre. Ahí este lo recibió con los brazos abiertos y un corazón rebosante de amor. Ahí terminó la aventura. Aunque el diablo logró una victoria parcial, el triunfo final correspondió a Dios, el Padre amoroso que siempre está a la espera del regreso de sus hijos extraviados. Del Padre cuyo ojo compasivo y lleno de amor no deja de seguirnos, por más lejos que huyamos y más escondidos creamos estar.

Por todo esto y otras muchas circunstancias es que entendemos que en los días que corren todos los creyentes sobre la faz del planeta estamos enfrascados en la lucha espiritual más grande y en la oposición más fuerte que jamás haya existido. Ya estamos en el período apocalíptico donde se desarrolla la «batalla final» por las almas de millones de personas. Sea que estén fuera o dentro de la iglesia. El síndrome del hijo pródigo sigue siendo un arma eficaz que Satanás trata de utilizar cada vez que puede. Hay que debilitar a la Iglesia, y para lograrlo, nada mejor que debilitar a sus componentes. Sacarlos de la casa del Padre o, si no se puede, meter dentro de la casa del Padre el espíritu del mundo. Esta es la gran batalla final. Dependerá de cada uno de nosotros que el diablo siga sufriendo derrotas o logre sus propósitos de descarriar a unos cuantos desaprensivos hijos de Dios. ¿Queremos que el diablo no nos atrape y nos lance tras las quimeras del mundo? Refugiémonos bajo las alas potentes del Todopoderoso, vistámonos con la armadura espiritual y luchemos por nuestra vida y la de los demás. La victoria es nuestra.

> *El ojo amoroso y compasivo de Dios no deja de seguirnos por más lejos que huyamos y más escondidos creamos estar.*

Después hubo una gran batalla en el cielo: Miguel y sus ángeles luchaban contra el dragón; y luchaban el dragón y sus ángeles ... Porque el diablo ha descendido a vosotros con gran ira, sabiendo que tiene poco tiempo (Apocalipsis 12.7,12).

Antes, en todas estas cosas, somos más que vencedores por medio de aquel que nos amó (Romanos 8.37).

Si hemos de ser victoriosos en la vida cristiana (¡y a victoria hemos sido llamados, aleluya!), tenemos que aceptar la realidad de que Satanás no tomará descanso en su plan de arruinarnos y sacarnos del camino del Señor. No perdamos de vista este hecho: Hasta el día mismo de nuestra muerte él insistirá en su objetivo usando tácticas e incluso a seres amados que pretendiendo ayudarnos actuarán como agentes del maligno. ¿Recuerda cuando el apóstol Pedro, bien inspirado sin duda, intentó disuadir a Jesús de ir a Jerusalén? ¿Quién podría dudar de un amigo tan leal como Pedro? Sin embargo, en ese momento Jesús vio al mismo diablo actuando a través de su amigo, por eso lo reprendió con tanta dureza: «¡Quítate de delante de mí, Satanás!; me eres tropiezo» (Mateo 16.23).

Por lo tanto, es importante que tengamos en cuenta que nuestra lucha no es contra carne y sangre y que el enemigo emplea un sinnúmero de tácticas para lograr sus propósitos. Es necesario que estemos alertas y sepamos discernir las maquinaciones de Satanás.

PRIMERA MAQUINACIÓN DE SATANÁS: DESCARRILARNOS

Ya hemos visto que una de las primeras cosas que el diablo intenta cuando la gracia salvadora de Dios alcanza a una persona es llevarla de nuevo al mundo. Esto es lo que llamo «el descarrilamiento» del cristiano. O sea, salirse de los carriles donde lo ha puesto su encuentro con Cristo.

Cuando me convertí, así como les ha ocurrido a millones de nuevos creyentes, experimenté los más grandes ataques del enemigo. ¿Su objetivo? Tratar de descarrilarme y llevarme de vuelta al mundo desde donde salí, y a la esclavitud espiritual de la cual fui libertado.

Luego, cuando el diablo no lo logra, trata de detenerle el crecimiento en la fe y dejarlo convertido en una especie de bebé espiritual. En otras palabras, lo que intenta es debilitarlo y hasta inutilizarlo. Primero como soldado al servicio de Jesucristo y luego como creyente que no logra aprender a disfrutar de las delicias de la vida cristiana.

La negligencia

En esta táctica de descarrilarnos, el diablo usa la negligencia. Es decir, el descuido espiritual. En el libro de Hebreos se nos pregunta en relación a esto: «¿Cómo escaparemos nosotros si descuidamos una salvación tan grande?» (Hebreos 2.3). Para evitar ser negligente, el creyente debe saber en qué consiste el descuido espiritual al que nos referimos y el que analiza el autor de los Hebreos según cita que acabo de hacer. Y luego, qué hace Satanás para inducir la negligencia.

Satanás sabe que llevando al creyente a la negligencia espiritual puede hacerlo fracasar. Por eso trata de hacerlo un cristiano perezoso en el orar, perezoso en el escudriñar las Escrituras y perezoso en reunirse con sus hermanos. Aquí volvemos a gritar las palabras de alerta del apóstol Pedro, quien nos dice: «Sed sabios y velad; porque vuestro adversario el diablo, como león rugiente anda alrededor buscando a quien devorar» (1 Pedro 5.8).

Es necesario que tengamos en cuenta las armas que tenemos a nuestra disposición para enfrentar la negligencia espiritual. Quizás se pregunte: ¿Qué debo hacer? Fortalezca su vida de fe. Solo eso.

El cristiano tiene, básicamente, tres fuentes en las que encuentra el alimento necesario para desarrollar y fortalecer su vida de fe:

La Palabra de Dios

La Biblia, que es la Palabra de Dios, nos ofrece en abundancia todo lo que necesitamos saber como cristianos. No tenemos por qué languidecer en la duda y el escepticismo cuando Dios ha puesto en nuestras manos un manual perfecto y una luz que nos alumbra permanentemente el camino por donde debemos andar.

La Biblia no solo es una fuente de conocimiento y sabiduría, sino también es el medio que Dios utiliza para dar cuerpo a nuestra fe. Es una de las armas más poderosas que Dios ha puesto en nuestras manos para ganar la guerra espiritual en que nos encontramos. Es tan importante y poderosa que fue precisamente lo que Jesús usó para contraatacar al diablo cuando este intentó tentarlo.

El diablo sabe muy bien que el verdadero éxito y prosperidad del creyente depende de cuán profundamente se adentre en los misterios de las Sagradas Escrituras. Y también sabe que aquel cristiano que se descuida en la lectura, meditación, estudio y obediencia de la Palabra de Dios ya comenzó a caminar hacia atrás. Por eso, usa tácticas sutiles y encubiertas además de las abiertamente torcidas y hostiles para lograr sus propósitos.

La Palabra de Dios nos ayuda con su sabiduría a evitar caer en las redes del pecado. En medio de las tinieblas que hoy cubren a esta civilización es luz que alumbra nuestro camino:

- *Lámpara es a mis pies tu palabra, y lumbrera a mi camino* (Salmo 119.105).
- *El cielo y la tierra pasarán, mas mis palabras no pasarán* (Mateo 24.35).
- *Sécase la hierba, marchítase la flor; mas la palabra del Dios nuestro permanece para siempre* (Isaías 40.8).
- *Las Sagradas Escrituras, las cuales te pueden hacer sabio para la salvación por la fe que es en Cristo Jesús* (2 Timoteo 3.15).
- *Así que la fe es por el oír, y el oír, por la palabra de Dios* (Romanos 10.17).
- *Y la espada del Espíritu, que es la palabra de Dios* (Efesios 6.17).
- *Jesús dijo: Escrito está: No sólo de pan vivirá el hombre, sino de toda palabra que sale de la boca de Dios* (Mateo 4.4).
- *En mi corazón he guardado tus dichos, para no pecar contra ti* (Salmo 119.11).
- *Nunca se apartará de tu boca este libro de la ley, sino que de día y de noche meditarás en él, para que guardes y hagas conforme a todo lo que en él está escrito; porque entonces harás prosperar tu camino, y todo te saldrá bien* (Josué 1.8).

■ *Jesús dijo: Si vosotros permaneciereis en mi palabra, seréis verdaderamente mis discípulos* (Juan 8.31).

La oración

La segunda fuente es la oración. Las palabras dichas por el Maestro a los discípulos, al reprenderlos por no orar con Él en aquel momento decisivo de la historia en el huerto de Getsemaní, confirman la enorme importancia que tiene la oración. Es a través de la oración que mantenemos comunicación directa con Dios y le podemos expresar nuestras necesidades y nuestro amor.

A través de la oración el creyente confiesa sus faltas y pecados a su Señor. Y también lo adora. La oración es la vía que el Espíritu Santo usa para renovar nuestras fuerzas y darnos su consolación en medio de las pruebas de la vida.

Sobre todas las cosas que hemos mencionado y las que aún no se han mencionado, la oración es la más poderosa arma que Dios ha puesto en nuestras manos para defendernos de los ataques y acechanzas del maligno. Satanás comprende que si nos aleja de una vida de oración nos desconecta de nuestra línea de vida directa con Dios.

Todas las religiones practican de una u otra forma la oración. Sin embargo, hay una diferencia radical entre la oración que nos enseña la Biblia y la oración a algo o a alguien inferior a Dios. La oración del cristiano es una comunicación directa con Dios a través de su Hijo, Jesucristo. El hombre sin Cristo busca porque sabe que carece de algo. Pero, en primer lugar, no sabe lo que busca y luego no sabe buscar donde podrá encontrar.

Los formadores de imágenes de talla, todos ellos son vanidad, y lo más precioso de ellos para nada es útil; y ellos mismos son testigos para su confusión, de que los ídolos no ven ni entienden. ¿Quién formó un dios, o quién fundió una imagen que para nada es de provecho? He aquí que todos los suyos serán avergonzados, porque los artífices mismos son hombres. Todos ellos se juntarán, se presentarán, se asombrarán, y serán avergonzados a una. El he-

rrero toma la tenaza, trabaja en las ascuas, le da forma con los martillos, y trabaja en ello con la fuerza de su brazo; luego tiene hambre, y le faltan las fuerzas; no bebe agua, y se desmaya. El carpintero tiende la regla, lo señala con almagre, lo labra con los cepillos, le da figura con el compás, lo hace en forma de varón, a semejanza de hombre hermoso, para tenerlo en casa. Corta cedros, y toma ciprés y encina, que crecen entre los árboles del bosque; planta pino, que se críe con la lluvia. De él se sirve luego el hombre para quemar, y toma de ellos para calentarse; enciende también el horno, y cuece panes; hace además un dios, y lo adora; fabrica un ídolo, y se arrodilla delante de él. Parte del leño quema en el fuego; con parte de él come carne, prepara un asado, y se sacia; después se calienta, y dice: ¡Oh! me he calentado, he visto el fuego; y hace del sobrante un dios, un ídolo suyo; se postra delante de él, lo adora, y le ruega diciendo: Líbrame, porque mi dios eres tú. No saben ni entienden; porque cerrados están sus ojos para no ver, y su corazón para no entender. No discurre para consigo, no tiene sentido ni entendimiento para decir: Parte de esto quemé en el fuego, y sobre sus brasas cocí pan, asé carne, y la comí. ¿Haré del resto de él una abominación? ¿Me postraré delante de un tronco de árbol? De ceniza se alimenta; su corazón engañado lo desvía, para que no libre su alma, ni diga: ¿No es pura mentira lo que tengo en mi mano derecha? (Isaías 44.9-20).

El cristiano que conoce a Dios por tener a Jesucristo en su corazón, ora al Dios vivo. El relato del profeta Isaías que acabo de citar de las Escrituras para ilustrar la eficacia o la ineficacia de la oración parece mostrarnos un cuadro ridículo. ¿Quién podría ser tan necio como para adorar a un ídolo que él mismo fabricó con sus manos, y esperar que le responda? Pero hoy día y a través de la historia ha habido miles de personas engañadas por Satanás que han creído que sí pueden conseguir algo de esos objetos inanimados que no oyen, ni ven, ni sienten. Por eso fue que Dios, al dar los Diez Mandamientos insistió tan fuertemente sobre el particular: «No tendrás dioses ajenos delante de mí; no te inclinarás a ellos ni los honrarás».

En el Nuevo Testamento, Jesús dice: «Nadie viene al Padre sino por mí». Y el creyente ha aprendido esta verdad. Debido a que la oración es poderosa arma de lucha y factor de victoria, Satanás trata de despojarnos de este recurso. Sin embargo, el Espíritu Santo de Dios lucha por nosotros, con nosotros y en nosotros para que el diablo no tenga la victoria.

- *Me invocará, y yo le responderé, con él estaré yo en la angustia; lo libraré y lo glorificaré* (Salmo 91.15).
- *Si confesamos nuestros pecados, Él es fiel y justo para perdonar nuestros pecados* (1 Juan 1.9).
- *Orando en todo tiempo con toda oración y súplica en el Espíritu, y velando en ello con toda perseverancia y súplica por todos los santos* (Efesios 6.18).

La congregación

Siendo que el hombre por naturaleza es un ser social su tendencia es buscar la compañía de otros, especialmente personas que tengan sus mismos intereses.

Es la confraternidad de la iglesia la que ofrece al creyente una comunión creativa y adecuada; una comunión fundamentada en el amor del Padre eterno y en la soberanía de nuestro Señor Jesucristo. Es la iglesia ese cuerpo que reúne a todos los que hemos experimentado el nuevo nacimiento y donde recibimos el apoyo logístico, el sabio consejo y la ayuda espiritual de otros que ya han pasado por las experiencias que nosotros ahora estamos teniendo.

El diablo sabe que solos no podemos vencer y sabe que el lugar ideal de refugio y de renovación de fuerzas es la iglesia. Por eso trata de alejarnos de la comunión de los hermanos y de la reunión de los creyentes. Por la importancia que tiene el congregarnos es que se nos exhorta a no dejar de hacerlo: «No dejando de reunirnos, como algunos tienen por costumbre, sino exhortándonos; y tanto más, cuanto veis que aquel día se acerca» (Hebreos 10.25).

Los afanes de la vida

Y no nos quepa duda que el diablo usará todos los medios a su alcance en su lucha contra nosotros. ¿Han pensado, estimados amigos lectores, en que enredarnos en los afanes de la vida es otro de los artificios eficaces que usa el diablo para hacernos desfallecer en nuestra fe?

¿Qué queremos decir cuando hablamos de «enredarnos» en los afanes de la vida? Es sencillamente enfrascarnos más allá de lo necesario y normal en ciertas actividades del diario vivir. Tomemos por ejemplo las tareas que la ama de casa debe atender en su hogar, y las reparaciones menores que el esposo debe hacer de muebles, vivienda, artefactos, etc. ¿No ocurre a menudo que cuando llega el tiempo de orar, de estudiar la Biblia, de ir a la iglesia es, precisamente, cuando hay urgencia de hacer estas cosas? ¿Y no ocurre que muchas veces preferimos quedarnos en casa reparando una lámpara de noche que se dañó que ir al servicio de oración a buscar la luz que nuestros espíritus necesitan? Cuando esto ocurre, hay que tener mucho cuidado porque por lo general se empieza por ahí y se termina en un desinterés total por los asuntos del Reino de Dios.

Oscar es un hombre joven, emprendedor, pequeño industrial que pudo haber tenido una situación económica desahogada a no ser por el vicio de la bebida que lo llevó rápidamente a la ruina. Descuidaba su salud, su casa, su trabajo. En varias ocasiones intentó dejar el licor, pero nunca lo logró, hasta que decidió entregar su vida a Cristo. Se acercó a una iglesia donde se le enseñó que el mejor argumento para mantener el vicio desactivado era vivir prácticamente inmerso en la vida de la congregación. Decidió probar, así es que hizo de la iglesia su segunda casa. Le iba bastante bien hasta que le pareció que ya era lo bastante fuerte como para alejarse un poco de la comunión de los santos. Pasaron dos semanas en que no asistió a ningún culto. Y una noche de viernes, mientras el coro ensayaba para el servicio de adoración del domingo, se apareció nuestro buen Oscar. Venía ebrio. Sucio, desgreñado y llorando. Avergonzado y derrotado. Se paró frente a sus hermanos que en ese momento dejaron de ensayar. No se atrevió a mirarlos a la cara. Solo les dijo: «¡Les fallé, mis hermanos! ¡Les fallé!» Aquella experiencia triste le enseñó que quizás nunca estaría suficientemente listo como para irse de la iglesia. Y desde aquella noche no ha vuelto a abandonar a sus hermanos. Está en todos los servicios, incluyendo las actividades de los niños. Pero no solo asiste, sino que Dios lo está usando para bendición de los demás y a los demás de bendición para él. Ahora sabe que la comunión con los hermanos, añadido a la lectura de la Biblia y a la oración, le darán la victoria sobre aquel enemigo feroz que lo estaba destruyendo a él y a los suyos.

Recuerdo también el caso de una profesora en Puerto Rico que comenzó a dejar de orar, asistir a la iglesia y estudiar la Biblia. Al poco tiempo de estar en esa condición, Satanás se ocupó de traerle falsos maestros a la propia sala de su casa. En la condición de debilidad espiritual que se encontraba, pese a toda su intelectualidad y conocimientos, poco a poco fue dando lugar a las falsas enseñanzas hasta que quedó atrapada en las telarañas de los mal llamados testigos de Jehová. Así permaneció durante más de diez años. Dios la recuperó mediante un milagro, la sacó del engaño en el que cayó. Su regreso a «la casa del Padre» fue lleno de alegría, pero al mismo tiempo lleno de pesar por los años perdidos caminando sin rumbo en la senda torcida de una secta falsa. Fue restaurada. Aprendió la lección. Sin embargo, aquellos diez años en oscuridad después de haber conocido la luz de Cristo quedaron en su vida como una fea cicatriz que no se borrará con nada.

El hombre cristiano tiene que comprender que en el tiempo de alimentarse espiritualmente no puede ni debe dedicarse a pintar la casa, a cortar el césped, a cambiarle aceite al motor del auto, a reparar una ventana ni una lámpara de noche. La mujer cristiana tiene que aprender a dejar para otra ocasión que no sea el tiempo de la oración, de la lectura de la Biblia y de reunirse con los creyentes el hacer nuevas cortinas, lavar la cubrecama, intentar una nueva receta de cocina o simplemente sentarse por horas a ver telenovelas. El tiempo de leer la Biblia, asistir a la iglesia y orar es el tiempo de Dios.

El afán por las riquezas

El que fue sembrado entre espinos, éste es el que oye la palabra, pero el afán de este siglo y el engaño de las riquezas ahogan la palabra y se hace infructuosa (Mateo 13.22).

El afán por la búsqueda del dinero y los bienes materiales ha llevado a miles de buenos cristianos a la negligencia de su vida espiritual y por consecuencia natural a la pérdida de su relación con Dios. Jesús dijo: «Mirad, y guardaos de toda avaricia, porque la vida del hombre no consiste en la abundancia de los bienes que posee» (Lucas 12.15).

> *La búsqueda de riquezas sigue un camino diametralmente opuesto al camino de la búsqueda de Dios.*

Conocí a un hombre que se convirtió en una de las cruzadas que Dios nos permitió realizar en la República de Colombia. Este hermano tuvo una auténtica experiencia con Dios, pero el diablo comenzó a llenarle el corazón de un afán desmedido y enfermizo por las riquezas. A tal punto persiguió esta meta, que terminó con las manos llenas de dinero. Millones de dólares, grandes y valiosas propiedades, pero con el alma vacía.

Este hermano terminó fuera del evangelio y bien metido en la trampa de Satanás junto con los más encumbrados traficantes de los carteles de la droga. Un día en que nos encontramos, me dijo: «Durante los años que pertenecí al mundo del narcotráfico tuve grandes riquezas, más de las que podría gastar durante toda mi vida, pero no tenía paz en mi corazón. En más de una ocasión estuve a punto de ser asesinado, pero ahora sé que Dios me protegió porque quería llevarme de vuelta a sus caminos. Así lo hizo, pero con el regreso pasé por la pérdida de todos los bienes materiales que había logrado acumular. Sin embargo, no me pesa haberlo perdido todo con tal de haber ganado de nuevo la paz que solo Dios da. Así es que, aquí me tiene, pobre como cuando empecé, pero feliz sirviendo a mi Señor».

El precio que se paga por «la fiebre del oro» en la vida del hombre muchas veces es tan alto que no se alcanza a pagar con toda la riqueza que se pueda acumular a lo largo de una vida entera.

La más grandes advertencias y sabios consejos sobre esto lo dio el propio Jesucristo, cuando contó la siguiente historia:

La heredad de un hombre rico había producido mucho. Y él pensaba dentro de sí, diciendo: ¿Qué haré, porque no tengo donde guardar mis frutos? Y dijo: Esto haré: derribaré mis graneros, y los edificaré mayores, y allí guardaré todos mis frutos y mis bienes; y diré a mi alma: Alma, muchos bienes tienes guardados para muchos años, repósate, come, bebe, regocíjate. Pero Dios le dijo: Necio, esta noche vienen a pedirte tu alma; y lo que has provisto, ¿de quién será? Así es el que hace para sí tesoro, y no es rico para con Dios (Lucas 12.16-21).

La televisión

A otros, Satanás los lleva al descuido en la vida espiritual por diversas formas. Una muy popular en nuestros días y que ha tenido un éxito absoluto entre los creyentes es la televisión. No hay familia donde un aparato de televisión no ocupe un lugar importante, si no el central, de la casa. En países desarrollados como Estados Unidos con gran concentración de hispanos, infinidad de hogares llegan a la conclusión que lo más conveniente es que cada miembro de la familia tenga su propio televisor con su propia videograbadora porque, claro, cada uno quiere ver sus propias películas, sus propias telenovelas y sus propios juegos de pelota (léase partidos de béisbol).

En un capítulo anterior mencionaba el homicidio ocurrido en un hogar de Nueva York por el «tremendo» problema de no ponerse de acuerdo esposo y esposa en el uso del único televisor que tenían. Como solución salomónica, la mujer agarró un martillo y le cayó encima al esposo, moliéndole la cabeza a golpes. Asunto arreglado. Ya no habría que discutir sobre si era más importante una pelea de boxeo o una telenovela. Ahora la esposa no volvería a tener interferencias para seguir alimentándose de su basura favorita.

Sin duda que la televisión ha sido el invento de mayor influencia en la humanidad en toda la historia del género humano. Se encuentra en hogares, en fábricas, oficinas, cárceles, hospitales, hoteles, iglesias. Millones de niños, adolescentes, adultos, ancianos, pobres, ricos, educados, analfabetos de todas las razas e idiomas sobre el planeta están cada día «pegados» al televisor. ¿Viendo qué? En la mayoría de los casos, programas que enferman la mente y ensombrecen el alma.

> *Hay hogares donde cada miembro de la familia tiene un televisor para su uso personal, con videograbadora incluida.*

La televisión se puede usar para bien o para mal; para llevar un mensaje negativo como para comunicar el mensaje positivo del evangelio. Bien usada puede ser de una enorme bendición. Mal usada puede ser un instrumento de destrucción y maldición. En la guerra espiritual, y en esta batalla final del drama de la humanidad, una de las armas que con más astucia y eficacia ha estado usando Satanás ha sido, precisamente, la televisión. Veamos cómo lo hace.

Para tratar de llevar a los creyentes al terreno de la negligencia espiritual ha inducido a miles de cristianos a convertirse en adictos. A las cuatro de la tarde, les pone programas de entrevistas que exaltan la inmoralidad, el sexo ilícito, la homosexualidad, el lesbianismo, los matrimonios a prueba y los divorcios por simplezas. (Hace poco, en uno de esos programas se efectuó el matrimonio, ante todo el despliegue de luces y cámaras, por supuesto, de una pareja de homosexuales. La ceremonia la ofició un ministro que se dice protestante. Un segmento de las fuerzas evangélicas intentaron, sin resultados, una protesta y un boicot al programa.) Luego, de siete a diez de la noche, tras un breve paréntesis para las noticias que por lo general están cargadas de crímenes, asesinatos, atropellos, violaciones, estafas, les presenta una tras otra telenovelas del más variado origen pero todas hechas con idénticos ingredientes, trama y propósitos. Como nadie quiere perderse un capítulo, se cancela el culto familiar y la asistencia a los servicios de la iglesia. La Biblia no se puede leer porque cuando se terminan las telenovelas estamos tan cansados y emocionados que lo único que queremos es irnos a la cama a soñar con los personajes y a esperar el capítulo del día siguiente.

Se ha comprobado que hay creyentes que ven hasta cinco horas diarias de televisión. Eso significa treinta y cinco horas semanales y mil ochocientas veinte horas al año. En veinte años eso da más de treinta y seis mil cuatrocientas horas o mil quinientos dieciséis días o más de cuatro años. ¡Cuatro años de la vida útil de un creyente pegado al televisor! ¡Qué barbaridad! Pero lo interesante de todo esto es que cuando a estos creyentes los atacan las pruebas, las contrariedades de la vida, las tentaciones y las amenazas de desastre, no saben a dónde acudir. Se alejaron tanto de Dios y de su Hijo Cristo que olvidaron el camino de regreso al Padre. Se percatan que toda la miseria de los personajes de fantasía que han seguido por tanto tiempo no les sirve de nada. Y cuando logran apagar el televisor, sufren, lloran, se lamentan y muchas veces sucumben.

En estos tiempos apocalípticos, uno de los graves problemas que los sicólogos tienen que tratar en infinidad de pacientes es la adicción a la televisión. Los pastores no saben cómo atacar este flagelo pues muchas veces ellos mismos caen víctimas del mal. Hace poco, un pastor que visitaba una ciudad mayoritariamente hispana de Estados Unidos contó durante un mensaje a una congregación que debido a que le sobraba tiempo por las tardes, se dedicó a ver las telenovelas. Quizás nunca se imaginó el éxito que tendría en su mensaje al recurrir a esta ilustración. Solo le bastó mencionar el nombre de una de las heroínas, el nombre del pretendiente frustrado, esta y aquella circunstancia y los llantos de la criatura sin padre de más allá para que se estableciera una comunicación afectiva y alegre entre la congregación y él. ¡Sabían perfectamente de lo que hablaba! Sin embargo, cuando a muchos de los expertos en telenovelas se les pide que relaten el incidente de la rebelión de María y Aarón contra su hermano Moisés en el desierto, reaccionan como si se les hablara algún idioma oriental. Expertos en telenovelas, pero ignorantes en la Palabra de Dios. ¡Satanás debe sentirse feliz!

Conozco una iglesia hispana en Estados Unidos cuyo coro ensaya después de un servicio de estudio bíblico y oración. Más de la mitad de los miembros del coro no asiste al estudio bíblico ni a la oración, aunque sí llega para la hora de ensayo después de las nueve de la noche. ¿Por qué será que no pueden asistir al culto y al ensayo? ¿Será que la telenovela que siguen está tan interesante que sería un crimen perderse un capítulo?

> Los malos programas de televisión destruyen los principios cristianos.

Como arma en las manos de Satanás, la televisión ha servido para ir modificando la conducta de miles de creyentes. Sutil pero astutamente les va insuflando en la mente y el corazón ideas falsas y conceptos anticristianos que en muchas ocasiones los llevan a creer que ya no tienen necesidad de consagrar sus vidas. Ni de orar, ni de estudiar la Palabra, ni de reunirse con sus hermanos en la fe. El veneno que les destila gota a gota en el espíritu los va haciendo aceptar estilos de vida que antes rechazaban por sus principios cristianos.

Y no estamos hablando de la pornografía ni la violencia

que abundan. Ni tampoco estamos hablando del uso que Satanás hace de la música y conjuntos musicales perversos y satánicos que se presentan por la televisión. Ni estamos hablando de los dibujos animados, también inspirados muchos de ellos en los principios que alimentan la estrategia de Satanás para pervertir al hombre y arrastrarlo al lugar en un principio preparado exclusivamente para él y los demonios.

No os engañéis; Dios no puede ser burlado: pues todo lo que el hombre sembrare, eso también segará (Gálatas 6.7).

La iglesia electrónica

Finalmente, creo que otra de las grandes mentiras que nuestro adversario ha inventado en esta batalla final de la guerra espiritual es que la iglesia electrónica puede reemplazar a la iglesia real, a la oración privada y a la profundización personal y congregacional en la Palabra.

Jamás debemos olvidar que estos medios modernos como el Internet, la radio y la televisión se nos dieron para usarse en alcanzar a los que no conocen a Cristo y atender a quienes por razones justificables no pueden congregarse. Nunca para reemplazar la unión y reunión de los santos. El enemigo está usando a todo aquel que enseñe lo contrario para engañar a los creyentes y llevarlos al descuido espiritual.

Mi consejo a cada creyente procede de más de treinta y cinco años de servir al Señor. Treinta y cinco años de lucha contra las más infernales maquinaciones de Satanás para llevarme al camino de la negligencia total en mi vida espiritual. Este consejo no es nada de complicado ni difícil de entender. Se puede resumir en cinco palabras tomadas de la Biblia y que nos dan la clave para vencer la negligencia espiritual. Se encuentra en Efesios 4.27, y dicen: «Ni deis lugar al diablo».

¿Queremos ser vencedores en la vida espiritual? Entonces sigamos estas ocho reglas de combate:

1. Oremos al comienzo y al final de cada día. Mantenga-

mos una actitud de permanente oración mientras estemos entregado al trabajo, a los estudios o a las actividades recreativas (1 Tesalonicenses 5.17).

2. Leamos las Sagradas Escrituras tres veces al día: en la mañana, al mediodía y en la noche (Deuteronomio 6.7).
3. Meditemos en la Palabra durante el día (Salmo 119.97-104).
4. Estudiemos la Palabra (Juan 5.39).
5. Congreguémonos en una iglesia donde se enseñe y predique la sana doctrina. Adoremos allí y profundicemos nuestra relación con Dios (1 Timoteo 4.16).
6. Seamos alumnos fieles de la Escuela Dominical (2 Timoteo 3.14-17).
7. Autoexaminémonos constantemente (Salmo 139.23-24).

SEGUNDA MAQUINACIÓN DE SATANÁS: DESMORALIZARNOS Y CORROMPERNOS

El otro camino que usa con bastante éxito Satanás para neutralizar al creyente y a la iglesia es el de la inmoralidad: «Y miró Dios la tierra, y he aquí que estaba corrompida; porque toda carne había corrompido su camino sobre la tierra» (Génesis 6.12).

La corrupción del hombre es tan ofensiva a la santidad de Dios que invariablemente provoca su indignación y su ira: «Y se arrepintió Jehová de haber hecho hombre en la tierra, y le dolió en su corazón. Y dijo Jehová: Raeré de sobre la faz de la tierra a los hombres que he creado» (Génesis 6.6,7).

Cuando el hombre se corrompe, es decir, deja a un lado los valores morales y las enseñanzas de Dios sobre ética y buenas costumbres y comienza a resolver sus problemas y a suplir sus necesidades de la forma que sea, claramente está comenzando a andar por el camino de Maquiavelo, el camino donde el fin justifica los medios. Este es el camino espacioso de la inmoralidad y la corrupción que lleva a la perdición.

Una de las primeras manifestaciones de esta condición es la violencia con que el ser humano trata de resolver sus problemas y diferencias. Inspirado en esta actitud, recurre a la fuerza bruta y a la irracionalidad y arremete a matar o a morir. Y muchas veces muere en el intento, aunque otras tantas destruye a su víctima. Esposos que golpean y maltratan a sus esposas aun pretendiendo ser creyentes son la nota más triste de esta situación.

Conozco a un creyente que era estricto y exigente en todo lo relacionado con la vida de la iglesia. Pero su esposa tuvo que abandonarlo por las horribles palizas que le propinaba durante los años que duró su matrimonio.

También hay entre los creyentes mujeres que maltratan a sus hijos. Los castigan con violencia o los privan de las atenciones que como niños necesitan. Recuerdo a una señora que maltrataba con tanta violencia verbal y física a sus hijos que los llevó a una crisis emocional grave y estuvieron a punto de alejarse para siempre de los caminos de Dios.

Hace algunos años, los medios de prensa publicaron una noticia relacionada con uno que se decía hijo de Dios. Sin embargo, se levantó de sus rodillas, donde se dice que había estado orando, para dar muerte a su esposa durante una discusión sobre asuntos domésticos.

El diablo sabe que si nos hace adictos a la violencia tiene grandes posibilidades de sacarnos de las manos protectoras de Dios y dejarnos a la deriva. Dejarnos a merced de fuerzas que bien pueden destruirnos física y espiritualmente.

Dijo, pues, Dios a Noé: He decidido el fin de todo ser, porque la tierra está llena de violencia a causa de ellos; y he aquí que yo los destruiré con la tierra (Génesis 6.13).

El cristiano tiene que aprender que lo que dijo Zacarías en el Antiguo Testamento y que corroboró el apóstol Santiago en el Nuevo sigue teniendo vigencia hoy. Y es la respuesta que Dios nos da para los momentos difíciles y que en apariencia no tienen solución:

No es con ejército, ni con fuerza, sino con mi Espíritu, ha dicho Jehová de los ejércitos (Zacarías 4.6).

Porque la ira del hombre no obra la justicia de Dios (Santiago 1.20).

El enemigo trata por todos los medios de desmoralizarnos y corrompernos. Explota al máximo todas las posibilidades. Veamos algunas de las que usa.

Vicios puertas adentro

Podría afirmarse con temor y temblor, pero con pocas posibilidades de error, que hoy por hoy hay miles de creyentes, o personas que asisten con regularidad a las iglesias, que tienen una cantidad impresionante de vicios puertas adentro. Tienen vicios como los juegos de azar, el uso de drogas y alcohol, el cigarrillo, la violencia doméstica, depravaciones sexuales que se practican en la privacidad de la alcoba conyugal o simplemente una adicción enfermiza a la televisión. Todo esto constituye la manifestación más increíble de lo que Satanás está haciendo en medio del pueblo de Dios.

Mientras escribo esto recuerdo dos casos que son ejemplos vivos de lo que trato de decir. El primero de ellos tiene que ver con un joven que Dios rescató del vicio de las drogas. Con el correr de los años, llegó a ejercer en el ministerio pastoral. Durante algún tiempo Dios lo usó poderosamente. Pero un día se descuidó, bajó la guardia y de nuevo comenzó a usar drogas mientras trataba de ocultarse detrás de la Biblia y del púlpito. Llegó al extremo de usar las ofrendas de la iglesia para alimentar su vicio. El Señor y los creyentes trabajaron con él para devolverle a la vida cristiana de victoria. Sin embargo, todo intento resultó infructuoso. Hace poco murió de SIDA.

El otro caso es el de un buen hermano en Cristo que antes

de conocer al Señor fue alcohólico. Al recibir el mensaje del evangelio, Dios comenzó a hacer un hermoso trabajo en su vida. Dejó por completo el uso del licor. Con el paso del tiempo, sin embargo, comenzó a tener problemas en sus finanzas y Satanás lo convenció que para relajarse tomara «unas copitas», que nada le sucedería y que su relación personal con Cristo no sufriría. Ya ustedes se podrán imaginar el resto. Terminó más envilecido que antes. Una pequeña dosis «para relajarse» no fue la solución, sino la perdición para él.

La mentira

El caso bíblico que más al descubierto deja las maquinaciones perversas de Satanás es el de Ananías y Safira en el libro de los Hechos.

> Pero cierto hombre llamado Ananías, con Safira su mujer, vendió una heredad, y sustrajo del precio, sabiéndolo también su mujer; y trayendo solo una parte, la puso a los pies de los apóstoles. Y dijo Pedro: Ananías ¿por qué llenó Satanás tu corazón para que mintieses al Espíritu Santo, y sustrajeses del precio de la heredad? Reteniéndola, ¿no se te quedaba a ti? y vendida, ¿no estaba en tu poder? ¿Por qué pusiste esto en tu corazón? No has mentido a los hombres, sino a Dios. Al oír Ananías estas palabras, cayó y expiró. Y vino un gran temor sobre todos los que lo oyeron. Y levantándose los jóvenes, lo envolvieron, y sacándolo, lo sepultaron. Pasado un lapso como de tres horas, sucedió que entró su mujer, no sabiendo lo que había acontecido. Entonces Pedro le dijo: Dime, ¿vendisteis en tanto la heredad? Y ella dijo: Sí, en tanto. Y Pedro le dijo: ¿Por qué convinisteis en tentar al Espíritu del Señor? He aquí a la puerta los pies de los que han sepultado a tu marido, y te sacarán a ti. Al instante ella cayó a los pies de él, y expiró; y cuando entraron los jóvenes, la hallaron muerta; y la sacaron, y la sepultaron junto a su marido. Y vino gran temor sobre toda la iglesia, y sobre todos los que oyeron estas cosas (Hechos 5.1-11).

Dios aborrece la mentira, como queda en evidencia en el

incidente de Hechos que he citado. La práctica de la mentira solo nos lleva al fracaso espiritual pues esa actitud no puede proceder sino del mismo diablo: «Vosotros sois de vuestro padre el diablo, y los deseos de vuestro padre queréis hacer. Él ha sido homicida desde el principio, y no ha permanecido en la verdad, porque no hay verdad en él. Cuando habla mentira, de suyo habla; porque es mentiroso, y padre de mentira» (Juan 8.44).

La inmoralidad sexual

De cierto se oye que hay entre vosotros fornicación, y tal fornicación cual ni aun se nombra entre los gentiles (1 Corintios 5.1).

Otra de las armas que Satanás usa con mucha eficacia entre los creyentes es el uso corrupto del sexo. Como todos sabemos, Dios creó el sexo y la práctica de las relaciones sexuales dentro de los límites de la ley moral que Él estableció es algo que honra en lugar de deshonrar. Así, la relación sexual dentro del matrimonio es una bendición porque por ella no solo se hace posible la procreación, sino que permite a los esposos una intimidad que sin ella sería incompleta.

Fuera del matrimonio, sin embargo, la actividad sexual recibe nombres que de por sí sugieren ilegalidad y pecado: adulterio y fornicación. Peor aun, las relaciones sexuales practicadas entre hombres o entre mujeres es igualmente inmoral y que la Biblia condena con energía.

La lista de inmoralidades sexuales en la Biblia es bastante larga y bien clara. Los escritores bíblicos, sin duda queriendo dar la fuerza que el propio Dios dio al asunto en las leyes que dictó en el Antiguo Testamento, hablan con energía y claridad que no deja dudas: «Pero fornicación y toda inmundicia, o avaricia, ni aun se nombre entre vosotros, como conviene a santos» (Efesios 5.3).

Lo que hace más peligrosa a la inmoralidad sexual es que no aparece aislada, sino que es producto de un resquebrajamiento de los valores morales que implica mucho más que la sola inmoralidad sexual. Una persona que se deleita en estas prácticas que Dios condena es alguien cuya gama de infracciones a la Ley divina alcanzará otras esferas. La hará definitivamente incapaz de vivir dentro de los cánones cristianos.

Desde el comienzo de la historia de la humanidad, Satanás ha sido muy astuto para arrastrar a los hijos de Dios a esta práctica inmoral. Sin embargo, los límites alcanzados en esta época señalada como final en la batalla espiritual en que nos encontramos involucrados pareciera que nunca antes se han superado.

Hoy día existen vehículos para activar la inmoralidad sexual que antes no existían. Se practica sexualidad inmunda a través del teléfono. Hay miles de ejemplares de revistas pornográficas circulando por todo el mundo y cuya misión es pervertir la mente y entenebrecer el alma, muchas de las cuales están en manos de niños. La televisión juega un papel importante también en este campo. Los videos y ahora las computadoras con el famoso Internet que nos conecta con el mundo entero.

Hace algún tiempo, mientras viajaba en avión, mi compañero de asiento, que era un médico cirujano, me expresaba su preocupación por lo que estaba pasando en el Internet en cuanto a la perversión sexual. Y de las precauciones que estaba empezando a tomar para evitar que a sus hijos los atraparan esta red malévola. Esto es nuevo en el mundo de hoy. ¿Qué vendrá después? ¿No es de personas inteligentes y sabias refugiarse en el poder de Dios antes que las cosas empeoren? El apóstol Pablo nos lo dice escueta pero seguramente en 2 Timoteo 3.1: «En los postreros días vendrán tiempos peligrosos».

Conocí a un hombre que desde el día mismo de su conversión comenzó a dar frutos de un buen cristiano. Esto terminó cuando dejó abierta la puerta a la tentación sexual. En su iglesia era el director de la Escuela Bíblica Dominical. Estando en esa posición, comenzó una amistad con otra creyente de la misma iglesia que poco a poco lo fue llevando hasta cometer adulterio. Su caída en las redes de las relaciones sexuales ilícitas le produjo momentos de placer sexual. Sin embargo, la contraparte es que destruyó su matrimonio y su relación con Dios. En lo que respecta a Dios, perdió en él a un siervo útil y efectivo. Mientras tanto, Satanás sin duda se restregaba las manos en señal de victoria.

Tal fue el caso del propio rey David cuando dio lugar al diablo y a la tentación.

Aconteció al año siguiente, en el tiempo que salen los reyes a la guerra, que David envió a Joab, y con él a sus siervos y a todo Israel, y destruyeron a los amonitas, y sitiaron a Rabá; pero David se quedó en Jerusalén. Y sucedió un día, al caer la tarde, que se levantó David de su lecho y se paseaba sobre el terrado de la casa real; y vio desde el terrado a una mujer que se estaba bañando, la cual era muy hermosa. Envió David a preguntar por aquella mujer, y le dijeron: Aquella es Betsabé hija de Eliam, mujer de Urías heteo. Y envió David mensajeros, y la tomó; y vino a él, y él durmió con ella. Luego ella se purificó de su inmundicia, y se volvió a su casa (2 Samuel 11.1-4).

El resultado trágico de esta historia lo conocemos muy bien. Pero lo importante es entender que aun ahora, en nuestros propios tiempos, el resultado y el fruto de esta maquinación satánica sigue siendo el mismo.

> *Ratos de placer a cambio de la destrucción del matrimonio y la relación con Dios. ¡Vaya transacción!*

Sé de un predicador, pastor y líder de su denominación que no solo era un personalidad importante en el contexto de su iglesia, sino que además era un tremendo intelectual. Su palabra tenía peso entre la gente de pensar profundo de su nación. Se le oía y respetaba tanto por sus conocimientos como por su fe en Dios. Un día, sin embargo, le dio lugar al diablo y terminó como un vulgar sodomita. Lo grave de todo esto es que Satanás le hizo creer que mientras practicara la homosexualidad en privado y nadie se enterara, no estaría cometiendo pecado contra Dios. Así vivió por años una doble vida. Su final no fue peor que su doble vida: su joven amante lo asesinó.

El caso del joven que en la iglesia de Corinto le quitó la mujer a su propio padre no fue solo el pecado de este hijo. También toda una iglesia fue culpable al permitir y convivir con este pecado hasta que el apóstol Pablo lo enfrentó. Enterado de la situación, no pudo sino ordenarles, en el nombre del Señor: «Quitad, pues, a ese perverso de entre vosotros» (1 Corintios 5.13).

Una conducta como la de la iglesia de Corinto no puede tener ni la aprobación de Dios ni de la comunidad cristiana. La corrupción sexual, como cualquiera otra corrupción, tiene el definido propósito de llevar a los creyentes a un estado de postración espiritual y a bajar sus energías para luchar contra el mal a niveles ineficaces.

Muchos creyentes, atrapados en este remolino de acciones y emociones llegan a creer que ya para ellos no hay salvación ni perdón. Este profundo sentido de culpabilidad puede no solo llevar al creyente a apartarse del Camino, sino a hundirlo en el valle de la desesperación. Llegan a tal extremo que cometen suicidio que, como en el caso de Judas, es la culminación más terrible de una mala acción que Satanás indujo.

> *Entonces Judas, el que le había entregado, viendo que era condenado, devolvió arrepentido las treinta piezas de plata a los principales sacerdotes y a los ancianos, diciendo: Yo he pecado entregando sangre inocente. Mas ellos dijeron: ¿Qué nos importa a nosotros? ¡Allá tú! Y arrojando las piezas de plata en el templo, salió, y fue y se ahorcó* (Mateo 27.3-5).

No hay duda que Satanás tiene como meta tratar de corrompernos. Y así corromper a la iglesia. Debilitarla en su función controladora de sus desmanes contra Jesucristo, el Cordero con el que la Iglesia se desposará según los términos en que se describe la unión final y eterna del creyente con su

Salvador (Apocalipsis 21.9). Sin embargo, quiero decir a quienes han caído víctimas del diablo que no escuchen la voz acusadora del adversario. Tampoco escuchen la voz del diablo cuando los quiera convencer que pueden seguir dentro de la iglesia aunque vivan en pecado. Ni que Dios los podrá seguir usando a pesar de la inmundicia en la que se revuelquen. A pesar de todo, deben saber que el amor perdonador de Dios está al alcance de cada corazón humillado y arrepentido. El Señor quiere perdonarlo y sanar sus heridas. El poder sanador de Cristo actúa poderosamente. Las cicatrices quedarán, como así lo señalamos en este mismo capítulo en relación con la dama que se dejó engañar por una secta falsa y demoníaca, pero usted puede vencer con la ayuda del Espíritu Santo de Dios.

Pues aunque andamos en la carne, no militamos según la carne; porque las armas de nuestra milicia no son carnales, sino poderosas en Dios para la destrucción de fortalezas, refutando argumentos, y toda altivez que se levanta contra el conocimiento de Dios, y llevando cautivo todo pensamiento a la obediencia a Cristo (2 Corintios 10.3-5).

TERCERA MAQUINACIÓN DE SATANÁS: DESGASTARNOS Y DESANIMARNOS

El último método y maquinación de Satanás para destruirnos a que nos referiremos es lo que denomino *la técnica del desgaste*. He usado la expresión *desgaste* porque es la que mejor describe el desaliento en su expresión más destructiva.

> *Muchas veces los ataques del enemigo son como la gota de agua que horada la roca.*

La táctica del diablo tiene como propósito cansarnos y desanimarnos a través del proceso de crearnos un problema tras otro. O mantener una situación de acoso como si fuera una gota de agua que cae miles y millones de veces en el mismo lugar hasta que abre un hueco en la roca de nuestra fe.

El propósito de referirnos a todas estas situaciones que crea Satanás con el fin de neutralizarnos y destruirnos como agentes de Dios es que abramos los ojos y nos pongamos en alerta porque la lucha no se detiene. El enemigo no está dispuesto a ceder ni un centímetro de terreno.

La estrategia del desgaste continuará a través de problemas económicos, conflictos matrimoniales y de familia. Se verá en enfermedades, persecuciones, injusticias, atropellos y abusos. A través de estos ataques, lo que Satanás quiere es producir en nuestro espíritu es temor, frustración y rebeldía contra Dios. Que como consecuencia de esto, decidamos apartarnos en busca de mejores y más rápidas soluciones. Por supuesto, las que ofrece él o sus agentes. Pero tales soluciones son como meter la mano dentro de una cesta donde nos espera un áspid para mordernos e inocularnos su veneno mortal.

Supe del caso de un creyente que el enemigo lo enredó en situaciones en las que no tenía ninguna responsabilidad. Por ello lo detuvieron y metieron en la cárcel. Satanás hizo aparecer la situación de este creyente como desesperada, llegándosele a pronosticar largos años de cárcel. Un día en que su esposa se encontraba desesperada y su fe fluctuaba como la llama azotada por el viento que amenaza con extinguirla, se le acercó una mujer que, sin conocerla, le dijo todo lo que estaba sufriendo. Le habló de su esposo preso y le ofreció su ayuda gratuita. La joven, creyente también, se sintió tentada a dejar de confiar en el brazo potente de Dios y poner su confianza en lo que aquella mujer le ofrecía. «Llamaré a mis espíritus», le dijo, «y resolveremos tus problemas. A Dios hay que darle una manito porque el pobre con tantos problemas que tiene que solucionar, aprecia la ayuda que nosotros podamos dar a personas como tú».

Antes de retirarse, le pasó un papel con su dirección y su

número telefónico. «Llámame y ve a verme esta noche», le dijo a modo de despedida.

La joven creyente decidió llamar a su pastor. A medida que conversaban a través del teléfono, ella fue sintiendo la convicción del peligro en que se encontraba. De modo que antes que su pastor se lo dijera, tomó el papelito y lo hizo mil pedazos. Satanás perdió esta batalla como ha perdido tantas. Su engaño y sus mentiras jamás podrán reemplazar el amor de Dios y el poder de su brazo potente.

Táctica de desgaste en la vida de Jeremías

El caso del profeta Jeremías es para mí la prueba bíblica más contundente y descriptiva de la maquinación de Satanás para desgastarnos y hacernos fracasar en la vida cristiana.

Dios llamó a Jeremías durante uno de los períodos más violentos y corruptos en la historia del pueblo de Israel. Tuvo que denunciar la rebeldía y el pecado de las tribus de Benjamín y Judá, establecidas en la ciudad santa de Jerusalén y sus alrededores antes del cautiverio babilónico.

A causa del estado de rebeldía en que se encontraba el pueblo, Jeremías tuvo que sufrir grandes desprecios y persecuciones. Durante su ministerio profético algunos lo llamaron «el profeta llorón» por el constante ataque que recibió en una guerra de desgaste en la que el enemigo no le daba cuartel.

> *Y extendió Jehová su mano y tocó mi boca, y me dijo Jehová: He aquí he puesto mis palabras en tu boca. Mira que te he puesto en este día sobre naciones y sobre reinos, para arrancar y para destruir ... Tú, pues, ciñe tus lomos, levántate y háblales todo cuanto te mando; no temas delante de ellos, para que no te haga yo quebrantar delante de ellos* (Jeremías 1.9-10,17).

El profeta fue víctima de tanto desprecio por parte de su propio pueblo que en un momento de la lucha espiritual comenzó a sentir los efectos del desgaste, lo que le hizo exclamar: «¿Por qué es prosperado el camino de los impíos y tienen bien todos los que se portan deslealmente?» (Jeremías 12.1). La guerra espiritual contra el hombre de Dios se incrementaba cada día: «Y dijeron: Venid y maquinemos contra Jeremías» (Jeremías 18.18).

El profeta parecía vulnerable. Satanás parecía invulnerable. Iba ganando la batalla. Al parecer, el poder de Dios no se quería manifestar. Todo hacía pensar que Jeremías perdería la batalla espiritual en la que se encontraba involucrado. En los momentos más oscuros de su situación, lo pusieron en el cepo y lo humillaron delante de todo el pueblo: «Y azotó Pasur al profeta Jeremías, y lo puso en el cepo que estaba en la puerta superior de Benjamín, la cual conducía a la casa de Jehová» (Jeremías 20.2).

No contento con torturar y humillar al profeta de Dios, Satanás lo puso en la cárcel y luego lo echó al fondo de una cisterna. Ahora no se trataba de desanimarlo, sino de quitarle la vida. Es el proceso normal que sigue el diablo en su lucha contra los hijos de Dios. Su meta final es tratar de destruirlos físicamente, y hará todo lo posible por lograrlo.

Y los príncipes se airaron contra Jeremías, y le azotaron y le pusieron en la casa del escriba Jonatán, porque la habían convertido en cárcel ... Entonces tomaron ellos a Jeremías y lo hicieron echar en la cisterna de Malquías hijo de Hamelec, que estaba en el patio de la cárcel; y metieron a Jeremías con sogas. Y en la cisterna no había agua, sino cieno, y se hundió Jeremías en el cieno (Jeremías 37.15; 38.6).

Llegó un momento en la vida del profeta Jeremías en que la gota del desgaste comenzó a producir su efecto. Y como producto de esta obra diabólica, el temor comenzó a tomar control de él. El miedo a la vida, a enfrentar los problemas diarios y en especial aquellas situaciones que parecían no tener solución ni un final feliz.

Maldito el día en que nací; el día en que mi madre me dio a luz no sea bendito. Maldito el hombre que dio nuevas a mi padre, diciendo:

Hijo varón te ha nacido, haciéndole alegrar así mucho. Y sea el tal hombre como las ciudades que asoló Jehová, y no se arrepintió; oiga gritos de mañana, y voces a mediodía, porque no me mató en el vientre, y mi madre me hubiera sido mi sepulcro, y su vientre embarazado para siempre. ¿Para qué salí del vientre? ¿Para ver trabajo y dolor, y que mis días se gastasen en afrenta? (Jeremías 20.14-18).

La táctica de desgaste en la vida del profeta siguió horadando su resistencia. Ahora sentía fuertemente en su ánimo la tentación de olvidarse de su Creador, del Dios de Israel. El dolor se prolongó tanto y era tan intenso que no le quedaban fuerzas.

> Como hijos de Dios, la victoria nos pertenece por derecho y herencia.

Y dije: No me acordaré más de Él, ni hablaré más en su nombre (Jeremías 20.9).

No cabe duda de que la situación era desesperada. Sin embargo, es bueno saber que cuando el diablo pensaba que lo tenía en sus garras, derrotado y fracasado como vocero de Dios, Jeremías comenzó a experimentar un proceso de restauración y renovación de fuerzas como el que Dios tiene para todos los que confían en Él.

No obstante había en mi corazón un fuego ardiente metido en mis huesos; traté de sufrirlo, y no pude ... Mas Jehová está conmigo como poderoso gigante (Jeremías 20.9,11).

Estas palabras del profeta son la más grande expresión de esperanza y victoria que nos deja como herencia a los que en este tiempo postrero del siglo veinte nos encontramos peleando la batalla final.

A usted, que al igual que yo muchas veces se ha visto tentado a rendirse ante la campaña de desgaste que Satanás mantiene contra nosotros, le digo con todas las fuerzas de mi espíritu: ¡Confíe en las promesas de Dios y siga adelante con los ojos puestos en la ciudad de eterna gloria!

No cejemos, Dios nos prometió renovar constantemente nuestras fuerzas. El profeta Isaías y el apóstol Pablo lo dicen de una manera muy contundente:

¿No has sabido, no has oído que el Dios eterno es Jehová, el cual creó los confines de la tierra? No desfallece, ni se fatiga con cansancio, y su entendimiento no hay quien lo alcance. Él da esfuerzo al cansado, y multiplica las fuerzas al que no tiene ningunas. Los muchachos se fatigan y se cansan, los jóvenes flaquean y caen; pero los que esperan a Jehová tendrán nuevas fuerzas; levantarán alas como las águilas; correrán, y no se cansarán; caminarán, y no se fatigarán (Isaías 40.28-31).

Por lo cual estoy seguro de que ni la muerte, ni la vida, ni ángeles, ni principados, ni potestades, ni lo presente, ni lo por venir, ni lo alto, ni lo profundo, ni ninguna otra cosa creada nos podrá separar del amor de Dios, que es en Cristo Jesús Señor nuestro (Romanos 8.38,39).

Capítulo 8

Evitar nuestro crecimiento espiritual

Cuando uno pregunta cuál es la meta en el proceso de transforma-ción, la respuesta es el carácter de Cristo. En Gálatas 4.19, el apóstol Pablo escribió: «Hijitos míos, por quienes vuelvo a sufrir dolores de parto, hasta que Cristo sea formado en vosotros». La característica central del carácter parecido al de Cristo es el amor. La Biblia dice que Dios es amor (1 Juan 4.16) y que todo el que ama es nacido de Dios (1 Juan 4.7). En 1 Corintios 13.13 leemos: «Y ahora permanecen la fe, la esperanza y el amor, estos tres; pero el mayor de ellos es el amor».

La característica central del amor es que da. En Juan 3.16 leemos que «de tal manera amó Dios al mundo, que ha dado a su Hijo unigénito». En Efesios 5.25 Pablo escribió: «Maridos, amad a vuestras mujeres, así como Cristo amó a la iglesia, y se entregó a sí mismo por ella». El amor da. La esencia de Dios y del cielo es la generosidad. La esencia del demonio y del infierno es el egoísmo.

Cuando llegamos a ser maduros espiritualmente, la marca de esa madurez es el amor... amor de Dios y amor de otros. El distintivo de ese amor es dar. Darse uno mismo de corazón a Dios en obediencia a sus mandamientos y darse a su prójimo cuando *este tiene una necesidad que una persona madura es capaz de suplir.*[1]

Desde el instante mismo de nuestra conversión a Cristo, Dios empieza a trabajar en nosotros para que iniciemos un proceso de crecimiento en gracia, conocimiento y en nuestra vida espiritual en general. Pero contrariamente a este plan divino, Satanás pone también en acción su plan para impedirnos el crecimiento espiritual y transformarnos en minusválidos de la fe. En la medida que lo consiga, el diablo limitará nuestro disfrute pleno de la vida cristiana y de la bendición de todos los derechos y las promesas a los que como hijos de Dios tenemos acceso. Y, por supuesto, logrará también que en lugar de ser colaboradores idóneos a la causa de Cristo, seamos criaturas, débiles y fluctuantes, a las que haya que estar llevando de aquí para allá y dándoles leche en el tiempo que deberían estar alimentándose de viandas sólidas.

TÁCTICAS DEL ENEMIGO

Se requerirían varios libros para analizar todas las tácticas que Satanás usa para impedir nuestro crecimiento en la fe. Por eso, ahora mencionaremos solo algunas, dejando de lado otras que son analizadas extensamente en el segundo capítulo de esta segunda parte. Sin embargo, es bueno que entendamos claramente que cuando le falla una, Satanás recurre a otra artimaña, lo que nos obliga a estar siempre atentos y velando. Pero también debemos saber que cuando Satanás encuentra una resistencia inquebrantable, llega el momento en que se aleja. La tenacidad lo intimida y ahuyenta. Miles de cristianos han sido testigos de esta verdad: ante

---

1 Max Anders, *30 días para entender lo que creen los cristianos*, Editorial Caribe, 1996, p. 164.

la decisión firme de no ceder, el diablo termina por huir, dando sentido a aquel versículo:

Someteos, pues, a Dios; resistid al diablo, y huirá de vosotros. Acercaos a Dios, y él se acercará a vosotros (Santiago 4.7-8).

Leamos la sabia advertencia del proverbista:

El avisado ve el mal y se esconde; mas los simples pasan y reciben el daño (Proverbios 22.3).

Destrucción de nuestra autoestima

Para detener nuestro crecimiento espiritual, el enemigo intenta evitar que aceptemos lo que ahora somos por gracia y misericordia de Dios. Qué mejor forma de lograrlo que la destrucción de nuestra autoestima o devaluación de nuestro carácter de hijos de Dios.

No importa lo que hayamos hecho o pudimos haber sido en el pasado. Una vez que venimos a Cristo somos nuevas criaturas (2 Corintios 5.17). Nuestros viejos pecados ya han sido lavados en la sangre del Cordero, han sido echados a las profundidades del mar (Miqueas 7.19).

Tú, mi querido hermano que lees, pudiste haber sido el peor criminal, el más envilecido de los drogadictos, el más asqueroso homosexual, la más vil prostituta, el adúltero más desvergonzado, el mentiroso más cínico, o quizás un simple pecador, pero desde el mismo minuto que confesaste a Cristo como tu Salvador, eres un hijo o una hija de Dios.

Mirad cuál amor nos ha dado el Padre, para que seamos llamados hijos de Dios (1 Juan 3.1).

No importa que hayas estado en el peor abismo moral o muerto en tus delitos y pecados (Efesios 2.1). La mano poderosa y el amor inmenso de Jesucristo han sido suficientes para levantarte, reivindicarte y transformarte. Escribiendo a la iglesia de Corinto, el apóstol Pablo nos explica este misterio en palabras sencillas pero certeras:

Sino que lo necio del mundo escogió Dios, para avergonzar a los sabios; y lo débil del mundo escogió Dios, para avergonzar a lo fuerte; y lo vil del mundo y lo menospreciado escogió Dios, y lo que no es, para deshacer lo que es, a fin de que nadie se jacte en su presencia (1 Corintios 1.27-29).

La fuerza de nuestra autoestima se hace más invulnerable en la medida que conocemos los alcances del milagro de la salvación, de lo que implica ser hijo de Dios por la fe en Jesucristo y de las innumerables promesas que Dios nos ha dejado.

Pero nada de esto podrá entenderse y aprovecharse cabalmente si el creyente no se instruye y alimenta en la Palabra. Si el estudio sistemático de las Sagradas Escrituras no se sazona con una oración constante, ferviente y confiada. Si estos dos elementos no son fortalecidos a través de la instrucción cristocéntrica que da la congregación a la cual cada creyente debe pertenecer. El estudio de la Palabra, la oración y la reunión con los santos en una iglesia donde se enseñe la sana doctrina son fundamentales para dar consistencia a la fe. Ante un cristiano que básicamente practica estas tres cosas, todos los intentos de Satanás fracasan y el maligno termina huyendo.

Acusaciones

Pero aun teniendo en cuenta todo lo dicho anteriormente, Satanás trata de destruirnos. El apóstol Juan se refiere a Satanás como «el acusador de nuestros hermanos, el que los acusaba delante de nuestro Dios día y noche» (Apocalipsis 12.10). En esta confrontación, el diablo usa nuestro pasado como arma. Nos acusa de lo que fuimos ante el Padre y ataca nuestra conciencia. Pretende que seguimos siendo los mismos, pero sabemos que el poder de la sangre de Cristo nos ha cambiado radicalmente. El diablo hace caso omiso de esta realidad y trata de convencernos de algo que ya no tiene nada que ver con nosotros.

Estas acusaciones, cuando el acusado ignora que provienen de Satanás, le producen una parálisis espiritual que puede impedirle aceptar la realidad del amor de Dios. Crea una pared de temor que detiene su búsqueda de un futuro mejor en los caminos del Señor. El acusado se convence que está lleno de culpas y olvida el poder purificador de la sangre de Cristo.

Si el diablo logra penetrar las defensas del creyente desaprensivo, termina haciendo de él un bebé espiritual que nunca hará nada por la causa del Reino de Dios. Como dijimos en el capítulo siete, esto es lo que el diablo quiere: neutralizarlo como soldado, sacarlo de la batalla, sembrar en su espíritu la semilla de la derrota. En una palabra, inutilizarlo.

Esta voz acusadora tiene la astucia diabólica de hacerle creer a la persona que lo que le llega a los oídos de la mente procede de la boca del Espíritu Santo. De esta manera crea una imagen y concepto falsos del Dios y Padre nuestro. Le hace olvidar que Dios nos ama y que su misericordia y amor perdonador sobrepasa todo lo que la mente humana pueda concebir. Y de tener éxito, crea en el creyente indiferencia y frialdad que afectan sus relaciones con Dios, impidiendo así el crecimiento espiritual.

Sin embargo, para esta argucia satánica, Dios nos da la solución: «Hijitos míos, estas cosas os escribo para que no pequéis; y si alguno hubiere pecado, abogado tenemos para con el Padre, a Jesucristo el justo» (1 Juan 2.1). ¡Jesús está a la diestra de Dios el Padre precisamente para defendernos de las acusaciones de Satanás! De modo que tampoco por este lado el diablo tiene posibilidades de éxito en su afán de destruirnos. El diablo ya está derrotado. La victoria es nuestra.

La crítica

La devaluación puede ser producida también por una lluvia constante de críticas destructivas.

Existe una crítica positiva y constructiva cuyo único propósito es corregirnos y conducirnos a ser mejores personas, mejores empleados, mejores ciudadanos, mejores padres, mejores creyentes. A esta clase de crítica la podemos llamar «el bueno y sabio consejo». Proverbios 1.5 dice que: «Oirá el sabio, y aumentará el saber, y el entendido adquirirá consejo». En Proverbios 15.22 dice que: «Los pensamientos son frustrados donde no hay consejo; mas en la multitud de consejeros se afirman».

A ningún creyente bien parado en la Escritura debe serle molesta esta forma de crítica positiva. Este sabe que hay seguridad en la multitud de consejeros (Proverbios 11.14). Solo los necios desoirán la crítica positiva.

Pero también está la crítica destructiva. Esta no tiene el más mínimo interés en nuestro perfeccionamiento. Quien la practica —muchas veces sin la más mínima inocencia sino más bien como un agente consciente de Satanás— la usa por celos, por envidias y para desbaratar lo que Dios está construyendo en nosotros.

Sé de una madre que parecía ser tan perfeccionista que no encontraba nada bueno en la conducta de su hija. Daba la impresión que intencionadamente ignoraba lo positivo pero resaltaba lo que a ella le parecía censurable. La niña era una buena cristiana, fiel y leal a su Señor, pero la lluvia constante de crítica malhumorada de su madre fue usada por Satanás para detener por un tiempo su crecimiento espiritual y su proceso de madurez emocional. En ese período, y mientras ella no echó a los pies de Cristo todo ese cúmulo de basura emocional, experimentó un deterioro casi fatal en su autoestima. Llegó a creer que no era capaz de nada bueno. Y durante esa travesía por su particular valle de sombra de muerte, dejó de crecer en la fe. Si no se hubiera cerrado en la Biblia para encontrar allí consuelo y respuestas a sus preguntas, Satanás habría logrado la victoria. Pero la niña emergió con más fuerzas de su inmersión en la Palabra de Dios y en la oración. ¡Y el diablo volvió a perder la batalla!

La meta negativa tiene tanto poder destructor que una vez escuché a una mujer de unos 35 años decir: «Cada vez que voy a emprender algo, oigo la voz de mi madre repitiéndome lo que me decía cuando era una niña de cortos años, "eres una tonta, una estúpida y una buena para nada". Fue necesaria una larga lucha y una tremenda dependencia en la gracia de Dios para poder vencer el daño que hizo a mi carácter aquella actitud de mi madre».

Por eso quiero advertir a los padres y madres que tienen la importante tarea de criar hijos en este tiempo de la batalla final de la guerra espiritual: Los jóvenes de esta época tienen más luchas, presiones y tentaciones que en cualquier otro tiempo de la historia del hombre. Tomando en cuenta esta circunstancia, tengan mucho cuidado en su crítica. Procuren que siempre sea positiva, constructiva, que propenda al fortalecimiento de la autoestima de los hijos en lugar de debilitarla y finalmente destruirla. Quizás tú, padre o madre, seas una víctima de esta táctica diabólica y perversa; quizás tus propios padres dañaron tu autoestima y en tales condiciones llegaste a tu propia paternidad. Y así como crees que nunca podrás ser útil en la vida cristiana ni vencedor en las luchas espirituales, crees que tus hijos tampoco lo serán. Pero te digo: No creas esa mentira del diablo. Levántate y exclama, creyendo en tu corazón estas palabras:

Todo lo puedo en Cristo que me fortalece (Filipenses 4.13).

Mas vosotros sois linaje escogido, real sacerdocio, nación santa, pueblo adquirido por Dios para que anunciéis las virtudes de aquel que os llamó de las tinieblas a su luz admirable (1 Pedro 2.9).

De nuevo, la victoria es nuestra. El derrotado es el diablo. No permitas que te arrastre con engaño a la desgracia del fracaso que solo es herencia suya. ¿Quieres estar entre los vencedores en esta batalla final de la guerra espiritual? Disponte a luchar en el poder de Dios el Padre, Jehová Dios de los ejércitos, y en su Hijo Jesucristo.

Robarnos la paz y el gozo

Hay un principio bíblico que cada creyente debe conocer y atenerse a él: la equidad de Dios respecto a las exigencias que hace de sus hijos. Dios no envía a nadie ni demanda nada sin ofrecer los medios para cumplir lo que Él ordena. Por eso, para vencer en esta guerra espiritual, Dios tendría que darnos los elementos que nos ayuden a hacerlo. Y nos los da. Entre tales recursos están un gozo y una paz interior incapaces de ser entendidos por el hombre natural y solo alcanzables por el cristiano.

El apóstol Pablo describe la paz que les es dada a los cristianos como algo tan grande que la mente humana no puede entenderla. Dice: «Y la paz de Dios, que sobrepasa todo entendimiento, guardará vuestros corazones y vuestros pensamientos en Cristo Jesús» (Filipenses 4.7).

La idea del gozo está presente y unida con la de la salvación. Cristo nos ha dado la salvación en forma gratuita. Esta produce gozo, y gozo tan abundante que fluye del interior del creyente como ríos impetuosos. Pedro dice que ese gozo es «inefable y glorioso» (1 Pedro 1.8). No hay palabras para describir el gozo glorioso que el Señor nos da.

Este gozo y esta paz son los elementos que Satanás trata de quitarnos. Él sabe que son esenciales para hacer de nosotros luchadores efectivos en la causa de Cristo. Y hace uso de dos recursos que siempre saca de su arsenal de engaño cuando quiere destruir nuestro gozo y nuestra paz y convertir nuestras vidas en secadales espirituales. El primero es la preocupación y el segundo la amargura.

La preocupación

La preocupación es un estado mental y emocional destructivo. Es una actitud en que la persona se encierra dentro de su problema o angustia hasta el punto que solo ve aquello que la atormenta. Esta condición puede llegar al extremo de la obcecación, en la que la persona vive en función de su mal. Es necesario reconocer que hay situaciones que pueden vencerse y otras que no hay forma de superar, y en esto radica nuestra fuerza. Bien lo dijo Jesús en el Sermón del Monte: «¿Y quién de vosotros podrá con afanarse añadir a su estatura un codo?» (Lucas 12.25).

Cuando el diablo manipula y logra controlar la mente del cristiano, lo transforma en una persona derrotada por las circunstancias de la vida. Satanás conoce el poder destructor de la preocupación. Sabe que un cristiano preocupado ha perdido —momentánea o permanentemente— el gozo y la paz y en esa condición no puede crecer en su fe. Se vuelve un cero a la izquierda en los planes de Dios, un lastre al que hay que arrastrar, un inválido espiritual que no sabe pararse sobre sus pies y caminar.

Creo que en la Biblia no hay mejor historia para ilustrar lo que es la preocupación que la de David y Goliat.

Goliat era enorme, un gigante. Solo verlo asustaba, y más aún verlo provisto de toda su armadura, su escudo y su lanza. Escuchar sus gritos amenazadores lanzados con prepotencia contra los ejércitos de Israel era algo que aterrorizaba. Llegó un momento cuando el rey Saúl y todos sus generales se dejaron engañar por Satanás. Olvidaron la grandeza y el poder de Jehová de los ejércitos y concentraron toda su atención en la fortaleza física del enemigo.

> *La preocupación es como un gigante que Satanás pone frente a nosotros para robarnos el gozo y la paz.*

¿Cuál es el gigante que el diablo ha plantado frente a nosotros? ¿Será una necesidad financiera, crisis en el matrimonio, una enfermedad incurable, la rebeldía de los hijos, falta de trabajo, algún vicio? ¿Podrá ese gigante en tu vida ser el temor al fracaso o a la opinión de los demás? ¿Será una debilidad interna que nadie conoce sino solo tú y Dios?

El gigante parece ser tan grande que solo piensas en él. Día y noche hablas solo de él. Llena tu mente y tu espíritu y no te deja vivir. Eres improductivo en el trabajo. No duermes bien. Te despiertas a medianoche. Sales a caminar por la madrugada. Tus nervios están hecho pedazos. Estás como el rey Saúl y los grandes del reino frente a la aparente invencibilidad del gigante Goliat.

Oyendo Saúl y todo Israel estas palabras del filisteo, se turbaron y tuvieron gran miedo (1 Samuel 17.11).

La preocupación por tu gigante lo ha hecho parecer *más grande* de lo que realmente es. Al perder tu fe, has perdido el sentido de las proporciones. Al dejar de ver al Dios que una vez te dio una salvación tan grande, caes presa de la depresión y la desesperación. El gozo y la paz en tu vida han ido desapareciendo. Tu crecimiento espiritual se ha detenido. Te encuentras como los hombres de Israel, huyendo despavoridos y gritando: «¡Que viene el gigante! ¡Que viene el gigante! ¡Huyamos! ¡Huyamos!»

Y todos los varones de Israel que veían aquel hombre huían de su presencia, y tenían gran temor (1 Samuel 17.24).

Satanás usa la preocupación para destruir nuestra fe en Dios, el gozo y la paz que son nuestro sostén en medio de las luchas espirituales. Sabe que la fe es nuestro escudo con el cual apagamos sus dardos de fuego (Efesios 6.16) y sin la cual es imposible agradar a Dios (Hebreos 11.6).

Para vencer el arma satánica de la preocupación, debemos empezar reconociendo la realidad del problema. Luego, en lugar de concentrarnos en él y su complejidad, pongamos nuestra mirada y confianza en Dios Todopoderoso. Así, estaremos haciendo la parte que nos corresponde a nosotros y dejando en manos de Dios aquello que nos es imposible resolver. Este fue el secreto en la victoria de David sobre Goliat:

Dijo David: Jehová, que me ha librado de las garras del león y de las garras del oso, Él también me librará de la mano de este filisteo.

Jehová te entregará hoy en mi mano, y yo te venceré, y te cortaré la cabeza (1 Samuel 17.37, 46).

David hizo su parte: confiar en el poder de Dios; y Dios hizo la suya: aniquilar con su omnipotencia a aquel gigante que parecía invencible y que tenía aterrorizado a todo un pueblo.

Así venció David al filisteo con honda y piedra; e hirió al filisteo y lo mató, sin tener David espada en su mano (1 Samuel 17.50).

La preocupación no solo destruye nuestra fe, gozo y paz. También nos llena de un egoísmo crónico que nos hace encerrarnos en nuestro problema y en nuestro mundo privado. Olvidamos a los que nos rodean y sus problemas y necesidades, que en muchas ocasiones son mayores que los nuestros. Mientras Saúl y los israelitas estaban atados por un espíritu egoísta y encerrados en sus ansiedades y temores, David tenía su mente clara y libre de todo egoísmo. Pensaba no en él, sino en su pueblo y en su Dios, a quienes amaba con todo el corazón.

Si algo falta hoy en la iglesia es que los creyentes nos interesemos más en los que sufren en la miseria de este mundo, en las calles, sin casa y sin alimentos, adictos a las drogas, prostituidos por el pecado y arruinados por el diablo, en las cárceles y caminando hacia la eternidad llenos de SIDA y otras enfermedades, sin fe y sin esperanza, mientras nosotros

> *La preocupación nos hace olvidar las necesidades de los demás, que muchas veces son mayores que las nuestras.*

nos lamentamos de nuestras pequeñas pruebas y aflicciones. Créeme que un día de estos, tú y yo daremos cuenta a Dios por lo egoístas que hemos sido mientras a nuestro alrededor se mueve un mundo entero camino a la eternidad sin Cristo y sin esperanza. Debiéramos llorar porque no hemos hecho todo lo posible por los necesitados en el nombre de Cristo. Dejemos a un lado la preocupación y usemos nuestras vidas, talentos y recursos económicos para alcanzar con el evangelio del amor, del poder y la gracia de nuestro Señor a los que sufren sin fe, esperanza y salvación.

La amargura

La amargura de espíritu es una condición de profundo resentimiento contra una o algunas personas que en algún momento pensamos que nos ofendieron o hicieron daño. La amargura es quizás la máxima expresión del dolor espiritual y, en la mayoría de los casos, nos mueve a exigir a Dios venganza. Y cuando Dios no ejecuta la venganza, nos podemos sentir tentados a tomarla por nuestra propia mano.

Un espíritu de amargura puede destruir matrimonios. Tarde o temprano, la indisposición a perdonar lleva al esposo o a la esposa a optar por el divorcio. Y una vez consumada la separación, el hogar se destruye con el consiguiente perjuicio —las más de las veces irreparable— para los hijos y demás familiares.

Conocí el caso de un creyente que fue tan maltratado por su esposa que llegó al punto que casi no podía orar ni pensar en el Señor. Aunque no renunció a su fe ni regresó al mundo como lo han hecho otras personas, permanecía en la iglesia sin gozo y sin paz. La amargura era la compañera permanente de su corazón. Dejó de crecer en la fe. Su vida espiritual se fue marchitando como una planta a la que le falta agua. De un creyente activo se convirtió en un vegetal espiritual. Era un amargado y cuando lo dejé de ver seguía amargado. Confío en el Señor que un milagro lo haya reivindicado y le haya devuelto el gozo que una vez tuvo.

Una mujer de casi setenta años había cultivado durante toda su vida una raíz de amargura contra su padre, el que hacía ya años que había muerto. Esta mujer nos acompañó en uno de nuestros viajes a Israel. Después de un culto muy bendecido realizado en una barca en el mar de Galilea, nos confesó que en su niñez su padre solo la trató con palabras y actitudes de extrema crueldad. Nos dijo que su amargura era tan grande que su único deseo era que estuviera vivo para desearle la muerte una vez más. Gracias a Dios porque aquel día, sobre las aguas del mar de Galilea, Jesús calmó la tormenta en su corazón, llenándola de su amor y un inmenso espíritu de perdón.

Me encontraba en el lugar donde Jesús predicó su Sermón del Monte, al lado del mar de Galilea. Hablaba a un grupo de personas sobre el perdón y el amor a nuestros enemigos. Se me acercó una hermana y con los ojos llenos de lágrimas me dijo que hacía un año le habían asesinado a su hijo. Su corazón estaba lleno de amargura. No encontraba forma de sentir compasión y perdón hacia el hombre que había causado la muerte de su querido hijo. (¿Has experimentado amargura parecida a la de esta mujer?)

Me pidió que orara para que el Señor le quitara del corazón aquel dolor, esa amargura y los deseos de venganza que sentía hacia el asesino de su hijo. Cuando llegamos a Jerusalén y la vi orando dentro de la tumba vacía de Jesús, supe que Dios la había libertado de esas horribles ataduras.

El regreso fue completamente diferente. Venía llena de paz y de gozo. El poder del Señor le quitó la amargura. Nosotros seguimos a Puerto Rico, pero ella se desembarcó en Nueva York. Tres días después falleció. Murió en paz con su Señor, con el asesino de su hijo, y con ella misma.

Me temo que miles o quizás millones de creyentes no estén experimentando crecimiento en su vida espiritual por mantener sus corazones llenos de amargura. No solo viven vidas infelices, sino que contaminan a otros, especialmente a familiares que, de alguna manera, se solidarizan con ellos. Hebreos 12.15 nos dice: «Mirad bien, no sea que alguno deje de alcanzar la gracia de Dios; que brotando alguna raíz de amargura, os estorbe, y por ella muchos sean contaminados».

Las raíces de amargura destruyen la comunión del creyente con su Dios. Y, por supuesto, también con sus hermanos. Cuando la víctima de este cáncer espiritual es el padre de familia, por lo general siembra amargura en el corazón de su esposa y de sus hijos. Estos, por cuestión de afinidad familiar, llegan a pensar como el padre, a ver las cosas a través del prisma del padre, y a condicionar su actitud hacia los «enemigos» del padre dentro de los mismos esquemas de su odio. Esta cadena puede llevar fácilmente a la destrucción del gozo familiar, a terminar la relación con una congregación local que pudo haber sido feliz y creativa. Las personas amargadas, entonces, salen en busca de otro lugar donde puedan encontrar un ambiente más «justo» y un aire más respirable; sin embargo, como las raíces de amargura van con ellos, vuelven a manifestarse en la nueva iglesia. Y así sigue el peregrinar de iglesia en iglesia, sin poder encontrar jamás lo que buscan. Lo peor de toda esta situación tan lamentable es que cuando los niños se crían bajo este tipo de influencia, por lo general terminan renunciando a cualquiera relación con la iglesia, el evangelio y Dios.

El perdón es la solución para el problema de la amargura. El Señor Jesucristo nos enseña la importancia de perdonar.

Y cuando estéis orando, perdonad, si tenéis algo contra alguno, para que también vuestro Padre que está en los cielos os perdone a vosotros vuestras ofensas (Marcos 11.25).

Este versículo es elocuente: todos estamos expuestos a ofender; pero de la misma manera, todos debemos estar dispuestos a perdonar. Nunca permitamos que una semilla de amargura crezca dentro de nosotros. Arranquémosla apenas empiece a dar señales de vida. Solo así nuestro Padre perdonará nuestras propias ofensas.

Amad a vuestros enemigos, bendecid a los que os maldicen, haced bien a los que os aborrecen, y orad por los que os ultrajan y os persiguen (Mateo 5.44).

Quizás el diablo te diga que la ofensa de que has sido objeto es tan grande que no la puedes perdonar. Quizás llegues a pensar que sacar esa amargura de tu corazón y perdonar significa aprobar y justificar el mal que te han hecho. Permíteme dejar algo bien en claro: No es posible amar con la misma emoción a una persona que reiteradamente nos ha hecho mal que a una persona que siempre nos ha expresado su amor. Cuando Cristo, en el versículo que citamos más arriba se refiere a «nuestros enemigos» lo que está queriendo señalar es que así como reconoces el mal que te han hecho, reconoces que posiblemente tales personas sigan siendo tus enemigos, pero debes sacar esa amargura y ese odio de tu corazón y adoptar la postura de perdonarlos. Ora por ellos e incluso ayúdales cuando necesiten ayuda. Cristo sabía del daño que la amargura le hace a un ser humano. Por eso Él mismo nos dio el ejemplo cuando desde la cruz y en medio del desprecio y el dolor que experimentaba, exclamó:

Padre, perdónalos, porque no saben lo que hacen (Lucas 23.34).

Dios está dispuesto a intervenir en cualquier caso en que uno de sus hijos quiera hacer desaparecer la amargura de su espíritu.

Conocí a un pastor de nombre Adelmo Chávez que sufrió mucho durante la gran persecución religiosa que sacudió a la República de Colombia entre los años 1940 y 1980. Cuando recién se había convertido, fanáticos religiosos llegaron a su casa y lo conminaron a que renunciara a su fe evangélica. Si no lo hacía, lo amenazaron de que le matarían a su pequeño hijo. Adelmo no accedió y frente a sus propios ojos atravesaron a su hijo con una bayoneta. El cadáver del niño quedó allí, a sus pies. No satisfechos con su maldad, los fanáticos se llevaron a su esposa para violarla, pero gracias a la intervención de Dios se la devolvieron sin tocarla. Desde que conozco a este hombre jamás he visto en él una señal de amargura, odio o deseos de venganza contra nadie de la religión que le causó tanto dolor. Puedo afirmar sin temor a equivocarme que Adelmo Chávez es la persona más tierna y llena del amor de Dios que haya conocido jamás. No tengo dudas que

Adelmo tuvo una gran lucha espiritual para vencer toda la amargura que pretendía ahogar su gozo y paz. Con la ayuda del poder de Dios pudo vencer.

> *¿Quién nos separará del amor de Cristo? ¿Tribulación, o angustia, o persecución, o hambre, o desnudez, o peligro o espada? Antes, en todas estas cosas somos más que vencedores por medio de aquel que nos amó. Por lo cual estoy seguro de que ni la muerte, ni la vida, ni ángeles, ni principados, ni potestades, ni lo presente, ni lo porvenir, ni lo alto, ni lo profundo, ni ninguna otra cosa creada nos podrá separar del amor de Dios, que es en Cristo Jesús Señor nuestro* (Romanos 8.35, 37-39).

Tercera parte

La batalla final en la vida de la Iglesia

Capítulo 9

La Iglesia en la mirilla del diablo

Dios usa a dos pescadores galileos para confundir a los prominentes jueces de la corte suprema de Israel. En el salón de la justicia, Pedro proclama el evangelio de Cristo y les dice a los dirigentes religiosos y políticos de su día que no pueden encontrar la salvación sino a través del nombre de Cristo Jesús. Este nombre ha sido dado por Dios a los hombres de todo el mundo. La gente o maldice o ignora o adora el nombre de Jesús. En el servicio a Satanás, millones usan este nombre para maldecir, incontables personas tratan de pasar por alto este nombre, porque creen equivocadamente que Jesús no existe; y multitudes de toda nación y lengua alaban el glorioso nombre de Jesús en adoraciones audibles o en oraciones silenciosas, con cantos de gozo y a través de la palabra hablada.

A veces aun los mismos cristianos se olvidan del nombre de Jesús, afuera de las cuatro paredes de sus templos. Y actúan como si Jesús no tuviera participación alguna en el mundo en el cual ellos viven. Pero Jesús ha redimido al mundo y todo lo que en él hay. Por eso, este mundo redimido es el ambiente en el cual el creyente expresa su gratitud a Jesús. El nombre de Jesús debe ser oído en todas las áreas de la vida: en el salón de justicia y en el palacio de gobierno; en las salas de clases de las escuelas, colegios y universidades; en los centros comerciales y en la industria; en todos los lugares del quehacer de cada día. Dios ha puesto gente sencilla en lugares estratégicos y quiere que den a conocer el nombre de Jesús y su mensaje.[1]

Desde el instante mismo en que nació la Iglesia, Satanás la puso en la mirilla para atacarla y tratar de destruirla. Esto se debe a que la Iglesia es el gran muro de contención contra el cual chocan muchos de sus intentos de sembrar el caos y la locura en el mundo. La Iglesia y el Espíritu Santo son los dos grandes enemigos del diablo, y en ellos concentra todo su odio a Jesús, el que lo venció en la cruz.

> *Dios encomendó a la Iglesia la misión de proteger y rescatar al ser humano ... con su sola presencia, asusta al maligno.*

Dios encomendó a la Iglesia la misión de proteger y rescatar al ser humano. Un día tras otro la Iglesia va creciendo con nuevos creyentes. Son vidas arrancadas, a veces con violencia, de las garras del diablo. La Iglesia también, con su sola presencia, asusta al maligno. La luz que irradia la Iglesia, las alabanzas que brotan de ella, la multitud de creyentes que entran y salen de cultos de adoración al Dios Altísimo, la Palabra que se predica con poder, el amor divino que se mueve entre los creyentes, la pureza del lenguaje, de pensamiento, la inocencia en el actuar, todos son elementos que aterrorizan al diablo y lo contienen.

A la Iglesia se le ha encomendado la tarea de abrirle los ojos al mundo a través de la predicación del evangelio. Por eso, el libro de los Hechos registra esta afirmación que respalda nuestra aseveración:

En aquel día hubo una gran persecución contra la iglesia que estaba en Jerusalén ... Y Saulo asolaba a la iglesia, y entrando casa por

---

1   Simón J. Kistemaker, *Comentario al Nuevo Testamento: Hechos*, Libros Desafío, 1996, Grand Rapids, MI, p. 171.

casa, arrastraba a hombres y a mujeres, y los entregaba en la cárcel (Hechos 8.1,3).

La presencia de la Iglesia en el mundo se torna poderosa pues en ella se mueve y habita el Espíritu Santo. Es tan fuerte la autoridad de esta institución divina, que el anticristo, la manifestación más grande del diablo en la historia de la humanidad, no podrá ser sino hasta el día en que Dios la llame a su presencia y con ello termine la dispensación de la gracia.

Y ahora vosotros sabéis lo que lo detiene, a fin de que a su debido tiempo se manifieste. Porque ya está en acción el misterio de la iniquidad; solo que hay quien al presente lo detiene, hasta que él a su vez sea quitado de en medio. Y entonces se manifestará aquel inicuo, a quien el Señor matará con el espíritu de su boca, y destruirá con el resplandor de su venida; inicuo cuyo advenimiento es por obra de Satanás, con gran poder y señales y prodigios mentirosos, y con todo engaño de iniquidad para los que se pierden, por cuanto no recibieron el amor de la verdad para ser salvos (2 Tesalonicenses 2.6-10).

LA IGLESIA

Un recién convertido preguntó a su pastor qué era, en realidad, la iglesia. «Oigo decir», le dijo, «que la iglesia a la que pertenecemos se llama "El Redentor", pero también se dice que los oficiales de la iglesia están considerando construir una nueva iglesia pues la que tenemos ya nos resulta pequeña. Además, ¿qué es eso de la Iglesia invisible?»

Aunque para muchos la explicación a la pregunta de este nuevo creyente pudiera parecer simple, para otros tantos sigue siendo confusa la idea de iglesia. Más aun cuando se trata de lo que a veces se denomina «Iglesia invisible».

La Iglesia de Cristo es ese cuerpo universal al que pertenecen todos los redimidos por la sangre del Cordero. Para ser miembro de la Iglesia invisible de Cristo, que en el libro de Apocalipsis se la denomina «esposa del Cordero», no se requiere sino cumplir un solo requisito: nacer de nuevo.

Los apellidos denominacionales así como la nacionalidad, el idioma, el nivel social o educacional no cuentan en esta membresía. Es más, la Iglesia está formada por personas de todas las nacionalidades y de todas las épocas. Son miembros de la Iglesia de Cristo tanto los creyentes del primer siglo como los de finales del siglo veinte. En el culto del último domingo veinte personas entregan sus vidas a Cristo. Al recibir la salvación, automáticamente nacen en la familia de Dios y son parte de la Iglesia de Cristo. Con los mismos derechos y responsabilidades de los que hace diez, veinte o cincuenta años. Contrariamente a lo que ocurre en la mayoría de los ejércitos de este mundo, en la militancia de la Iglesia «la antigüedad no constituye grado».

Porque el reino de los cielos es semejante a un hombre, padre de familia, que salió por la mañana a contratar obreros para su viña. Y habiendo convenido con los obreros en un denario al día, los envió a su viña. Saliendo cerca de la hora tercera del día, vio a otros que estaban en la plaza desocupados; y les dijo: Id también vosotros a mi viña, y os daré lo que sea justo. Y ellos fueron. Salió otra vez cerca de las horas sexta y novena, e hizo lo mismo. Y saliendo cerca de la hora undécima, halló a otros que estaban desocupados; y les dijo: ¿Por qué estáis aquí todo el día desocupados? Le dijeron: Porque nadie nos ha contratado. Él les dijo: Id también vosotros a la viña, y recibiréis lo que sea justo. Cuando llegó la noche, el señor de la viña dijo a su mayordomo: Llama a los obreros y págales el jornal, comenzando desde los postreros hasta los primeros. Y al venir los que habían ido cerca de la hora undécima, recibieron cada uno un denario. Al venir también los primeros, pensaron que habían de recibir más; pero también ellos recibieron cada uno un denario. Y al recibirlo, murmuraban contra el padre de familia, diciendo: Estos postreros han trabajado una sola hora, y los has hecho iguales a nosotros, que hemos soportado la carga y el calor del día. Él, respondiendo, dijo a uno de ellos: Amigo, no te hago agravio; ¿no conviniste conmigo en un denario? Toma lo que es tuyo, y vete; pero quiero dar a este postrero, como a ti (Mateo 20.1-14).

La parábola del patrón y los obreros de su viña pinta con trazos bastante claros lo que es el concepto divino de la Iglesia. El patrón busca obreros para que trabajen en su viña, y la paga que les ofrece es justa y fiel a lo convenido. En las Escrituras, los términos del contrato, para seguir usando esta figura, se pueden encontrar desde los primeros libros hasta el último. Así, por ejemplo, cuando Jehová Dios habló al pueblo de Israel, y simbólicamente a la Iglesia, respecto a los compromisos de las partes comprometidas en el contrato, dijo:

Cuidaréis de poner por obra todo mandamiento que yo os ordeno hoy, para que viváis y seáis multiplicados, y entréis y poseáis la tierra que Jehová prometió con juramento a vuestros padres ... Ahora, pues, Israel, ¿qué pide Jehová tu Dios, sino que temas a Jehová tu Dios, que andes en todos sus caminos, y que lo ames, y sirvas a Jehová tu Dios con todo tu corazón y con toda tu alma; que guardes los mandamientos de Jehová y sus estatutos, que yo te prescribo hoy, para que tengas prosperidad? (Deuteronomio 8.1; 10.12-13).

Sé fiel hasta la muerte, y yo te daré la corona de la vida ... El que venciere heredará todas las cosas, y yo seré su Dios, y él será mi hijo (Apocalipsis 2.10; 21.7).

Hay congregaciones, que en la terminología clásica también reciben el nombre de iglesias de la misma manera que al edificio donde se cobijan, se le conoce igualmente como iglesia. Sin embargo, la Iglesia de Cristo es una sola y es la que Cristo vino a ganar por su propia sangre (Hechos 20.28). Esta es la Iglesia que, desde diferentes frentes, léase denominaciones, libra una batalla común: contrarrestar los esfuerzos de Satanás por hacer que el hombre pierda su alma eternamente.

Como lo he señalado en otros lugares de este libro, el

diablo tiene un lugar de tormento eterno reservado exclusivamente para él y sus demonios. Pero en su perversidad trata de arrastrar con él a ese lugar a hombres, mujeres, jóvenes, niños y ancianos mediante el expediente de la mentira y el engaño.

Para terminar de dar respuesta a la pregunta de aquel recién convertido, digamos, entonces, que Iglesia es la forma de referirse a una congregación, pequeña o grande; es también la forma de referirse a una agrupación de congregaciones a veces diseminadas en varios países o en el mundo entero. Y, por último, es la forma en que se designa el lugar donde la congregación se reúne. Pero, fundamentalmente, la Iglesia es el cuerpo de creyentes que a través de las edades han aceptado la salvación que Cristo ofreció. Creyentes que nacieron de nuevo y llegaron a ser herederos de Dios y coherederos con Cristo (Romanos 8.17). Es este cuerpo de creyentes el que recibe el nombre de «Iglesia invisible» por no tener una estructura dada por agrupación humana, sino establecida por Dios mismo. Esta es la Iglesia a la que finalmente todos los salvados pertenecemos. Así que cuando la Iglesia sea arrebatada a recibir al Señor en el aire, no va a serlo según las divisiones que el hombre ha establecido (funcional o caprichosamente) aquí en el mundo, sino que lo será según la ve Dios: como un solo cuerpo de redimidos por la sangre de Cristo. Es a esta Iglesia a la que hay que pertenecer, más que a una agrupación humana llamada iglesia tanto o iglesia cuanto.

LA IGLESIA EFICAZ

La Iglesia de Cristo es invencible. No obstante, al estar formada por seres humanos pecadores (aunque regenerados), es susceptible a descuidarse y, a la larga, perder su fuerza de ataque. El diablo sabe que si bien el blanco es la Iglesia, el medio para poder llegar a neutralizarla es el hombre. De modo que concentra en este toda su artillería pesada. Así lo dejo establecido en la segunda parte de este libro, dedicada, precisamente, al creyente como objeto de los ataques del diablo.

A pesar de las asechanzas del maligno, la Iglesia cuenta con una serie de recursos que Dios le ha dado a fin de mantener su eficacia. Una iglesia eficaz, entonces, debe ser:

> *La Iglesia de Cristo es invencible. No obstante, al estar formada por seres humanos pecadores (aunque regenerados), es susceptible a descuidarse y, a la larga, perder su fuerza de ataque.*

Fiel a la Palabra

Aunque en el capítulo siguiente cuando nos refiramos a la espada del Espíritu ampliaremos el análisis sobre este punto, permítame adelantarle algo sobre la Palabra, que es la Biblia.

El conocimiento de la Palabra, junto con algunos otros «secretos» provistos por Dios, es la clave fundamental para que la Iglesia mantenga su fuerza combativa. Nada puede sustituir al conocimiento de la Palabra.

La Palabra de Dios es el mapa que nos muestra el buen camino. Es la brújula que nos indica el norte. Es el alimento del alma que nos mantiene fuertes y saludables en la fe. La Palabra de Dios, además, nos muestra con ejemplos del pasado lo que Dios puede hacer hoy día para darnos la victoria en cada batalla.

Y se levantó de mañana y salió el que servía al varón de Dios, y he aquí el ejército que tenía sitiada la ciudad, con gente de a caballo y carros. Entonces su criado le dijo: ¡Ah, señor mío! ¿qué haremos? Él le dijo: No tengas miedo, porque más son los que están con nosotros que los que están con ellos. Y oró Eliseo y dijo: Te ruego, oh Jehová, que abras sus ojos para que vea. Entonces Jehová abrió los ojos del criado, y miró; y he aquí que el monte estaba lleno de gente de a caballo, y de carros de fuego alrededor de Eliseo (2 Reyes 6.15-17).

Entonces Jesús le dijo: Vuelve tu espada a su lugar ... ¿Acaso piensas que no puedo ahora orar a mi Padre, y que Él no me daría más de doce legiones de ángeles? (Mateo 26.52-53).

En el ejemplo del profeta Eliseo y su siervo, Dios les muestra a través del milagro de abrir los ojos de la fe a este último que los que estaban con ellos eran muchísimos más que los enemigos. La historia termina con el ruego del profeta a Dios. El resultado fue la ceguera que Dios mandó a los soldados enemigos, confundiéndolos y derrotándolos de una forma infantil. Dios está con los suyos. Él está con su Iglesia. Las fuerzas y poderes del Antiguo Testamento están a disposición de sus hijos hoy como lo estuvieron ayer.

Cuando arrestaron a Jesús en el huerto de Getsemaní, pudo haber echado mano a más de setenta mil ángeles de Dios para derrotar a ese grupito de soldados que enviaron los principales sacerdotes. En realidad, para aquellos perversos y ciegos que salieron al paso del Maestro con espadas y palos, con un solo ángel de Dios habría bastado. Basta recordar que a la sola palabra de Jesús, «Yo soy», todos cayeron por tierra. El poder de Dios es infinitamente mayor que todos los poderes de Satanás, ¡aleluya!

La Palabra de Dios nos enseña, pues, que la victoria siempre ha sido de los hijos de Dios. En este caso, de su Iglesia. Para saberlo, tenemos que conocer la Palabra. Enseñársela a nuestros hijos y velar para que crezcan con ella. En los tiempos de nuestra infancia, los niños crecían aprendiendo de memoria pasajes tan conocidos como el Salmo 1, el Salmo 23, el Salmo 91; el Padrenuestro, las Bienaventuranzas, Juan 3.16, Gálatas 5.22 y 23, 2 Timoteo 3.16 y muchos otros pasajes. Hoy día, con los medios tecnológicos y el avance de la ciencia de las comunicaciones, hemos perdido terreno en comunicar, precisamente, las verdades eternas contenidas en la Palabra de Dios a nuestros hijos. La Iglesia debe volver por sus fueros y reencontrarse con las Escrituras.

Y estas palabras que yo te mando hoy, estarán sobre tu corazón; y las repetirás a tus hijos, y hablarás de ellas estando en tu casa, y andando por el camino, y al acostarte, y cuando te levantes. Y las atarás como una señal en tu mano, y estarán como frontales entre tus ojos; y las escribirás en los postes de tu casa, y en tus puertas (Deuteronomio 6.6-9).

Constante en la oración

Si hay algo a lo que Satanás le teme es a una Iglesia que ora. Y que ora unida. Y contra esta unidad es que el enemigo lucha. Cristo es el que une. Satanás el que divide.

Rebeca Brown cuenta en su libro *Él vino a libertar a los cautivos* cómo Satanás destruyó una iglesia que oraba unida al infiltrar en ella agentes suyos. Su meta era eliminar, precisamente, los cultos de oración que la iglesia en pleno celebraba una vez a la semana. Con artimañas y planes sustitutos, al parecer buenos y loables, lograron convencer al pastor y a los líderes que valía la pena terminar con el culto masivo y dedicar ese tiempo a otras cosas «igualmente valiosas». La iglesia terminó así:

> Muchos de los mejores cristianos de la iglesia pronto se fueron a otras iglesias. Como al año, la iglesia estaba en ruinas. El pastor se desalentó y renunció. Los más antiguos y más fieles miembros de la iglesia se fueron, y el poder [de Dios] también abandonó a la iglesia.[2]

En la Biblia hay cientos de versículos y de casos que respaldan la importancia de la oración. Es lamentable, pero en muchas de nuestras congregaciones el culto semanal más débil y menos concurrido es, precisamente, el de oración.

Conozco una pequeña congregación donde Dios ha hecho milagros portentosos como respuesta a las oraciones. A pesar de todo, sigue «gozando» de las más pobres asistencias precisamente en estos cultos. Si Dios responde las oraciones de unos pocos, ¿cómo sería si toda la iglesia orara?

---

2 Rebeca Brown, *Él vino a libertar a los cautivos*, Publicaciones Chick, 1989, p. 240.

Hace algunos meses yacía en un cuarto de hospital Juan Alvarado, un hombre joven que debido al vicio de la bebida perdió páncreas e hígado. Los médicos que lo trataban comunicaron a sus familiares que deberían irse preparando para los funerales de su pariente. Todos cuantos lo visitaron entendieron el pesimismo de los médicos. Las débiles señales de vida que enviaba el enfermo indicaban sin lugar a dudas que su deceso sería en cuestión de horas. Pero la iglesia empezó a orar y Dios lo levantó para testimonio de su poder. Hoy es un asistente fiel a la iglesia que intercedió por él, un seguidor leal de Jesucristo y un testimonio vivo de lo que puede hacer la oración eficaz del justo.

A través de la oración de los creyentes de esa y cualquiera otra iglesia, Dios sana enfermos, restituye matrimonios, trae a sus caminos a hijos rebeldes, provee para las necesidades materiales, libra de la cárcel y alumbra el entendimiento espiritual a quienes lo piden. Y aun así, la Iglesia no ora como debería hacerlo. Satanás y sus demonios son los primeros en beneficiarse de esta dejadez de la Iglesia.

Agresiva en el testimonio

Una de las estrategias que mejor resultado da en el ministerio de la iglesia es cuando sus miembros hablan de su fe a otros. A través del tiempo se han usado otros medios para el mismo fin. Sin embargo, el testimonio personal sigue siendo insustituible.

Andrés, hermano de Simón Pedro, era uno de los dos que habían oído a Juan, y habían seguido a Jesús. Este halló primero a su hermano Simón, y le dijo: Hemos hallado al Mesías (que traducido es, el Cristo). Y le trajo a Jesús. Y mirándole Jesús, dijo: Tú eres Simón, hijo de Jonás; tú serás llamado Cefas, que quiere decir, Pedro (Juan 1.40-42).

La actitud de Andrés es proverbial y ha quedado como paradigma de lo que debe ser la disposición del creyente como parte activa de la Iglesia de Cristo: buscar a su hermano y traerlo a Jesús. Cuando la iglesia multiplica a sus Andrés *ad infinitum*, las puertas del Hades tiemblan. Sin duda.

Es muy importante que la Iglesia sea agresiva en el testimonio. Que predique siempre. Sin embargo, no debe olvidar que los que aceptan a Cristo como Salvador deben recibir atención. Deben crecer y madurar en la vida cristiana. Y esto es algo que no se debe pasar por alto.

Hace algunos años, un evangelista de masas, de regreso de una campaña multitudinaria en un país sudamericano, declaró que no seguiría con esta estrategia. Le parecía que no valía la pena el despliegue de recursos para los resultados que se obtenía. Su decepción radicaba en un hecho muy simple pero elocuente y casi diría que incontrovertible. En muchas de las campañas masivas se predica con unción, el Espíritu Santo trabaja en los inconversos, hay miles que se entregan a Cristo, pero no se planifica en forma adecuada el trabajo de conservar los resultados. Como quien dice, se siembra la semilla pero no se riega la plantita. Esto provoca que, al igual que en la parábola del sembrador, las piedras ahoguen la planta, se la coman las aves o la destruyan los pies de quienes pasan junto al camino. Por tanto, es necesario que la Iglesia predique, pero también que atienda a esos que se entregan a Cristo.

Fiel en el compañerismo cristiano

Ya hemos mencionado este punto en relación con la práctica normal del creyente. Pero es bueno recordarla de nuevo aquí, aunque sea para completar los cuatro pasos de una iglesia agresiva en su misión evangelizadora y neutralizadora de la obra de Satanás:

- Estudio de la Palabra
- Oración sin cesar
- Testimonio agresivo de la fe
- Reunión de los santos

Un pueblo que se reúne para estudiar la Palabra, para orar junto, para alabar y contar las experiencias de la vida cristiana es un pueblo vivo y agresivo en su fe. Ante el cual Satanás tiembla... y huye.

LA IMPORTANCIA DE LA IGLESIA

La importancia y el alto significado que Dios le da a la Iglesia se demuestra en la comparación que hace el apóstol Pablo de la unión matrimonial con la relación Cristo-Iglesia:

> *Por esto dejará el hombre a su padre y a su madre, y se unirá a su mujer, y los dos serán una sola carne. Grande es este misterio; mas yo digo esto respecto de Cristo y de la iglesia* (Efesios 5.31-32).

Esta importancia también la reconoce nuestro adversario. Por eso desde el mismo nacimiento de la iglesia cristiana Satanás le declaró una guerra total. Las primeras evidencias de esto las encontramos en el libro de los Hechos de los Apóstoles y más tarde en los siguientes siglos hasta los días que vivimos, a finales del siglo veinte.

En los primeros días después de Pentecostés, Satanás comenzó a perseguir a la Iglesia. Una y otra vez, Pedro y Juan fueron objeto de maltrato y de persecución por parte de los líderes eclesiásticos de su tiempo. Estos, consciente o inconscientemente del papel que desempeñaban al servicio del diablo, llegaron incluso a meterlos en la cárcel.

> *Y les echaron mano, y los pusieron en la cárcel hasta el día siguiente, porque era ya tarde. Entonces levantándose el sumo sacerdote y todos los que estaban con él, esto es, la secta de los saduceos, se llenaron de celos; y echaron mano a los apóstoles y los pusieron en la cárcel pública* (Hechos 4.3; 5.17-18).

El enemigo usará cualquiera táctica para tratar de impedir la obra de la iglesia. Una que él aprecia mucho es la calumnia. Otra es la mentira y hasta el soborno para comprar la conciencia de muchos. Tal es el caso de Esteban, un diácono de la incipiente iglesia.

Y Esteban, lleno de gracia y de poder, hacía grandes milagros y señales entre el pueblo. Entonces se levantaron unos de la sinagoga llamada de los libertos, y de los de Cirene, de Alejandría, de Cilicia y de Asia, disputando con Esteban. Pero no podían resistir a la sabiduría y al Espíritu con que hablaba. Entonces sobornaron a unos para que dijesen que lo habían oído hablar palabras blasfemas contra Moisés y contra Dios. Y solivantaron al pueblo, a los ancianos y a los escribas; y arremetiendo, le arrebataron, y le trajeron al concilio. Y pusieron testigos falsos que decían: Este hombre no cesa de hablar palabras blasfemas contra este lugar santo y contra la ley; pues le hemos oído decir que ese Jesús de Nazaret destruirá este lugar, y cambiará las costumbres que nos dio Moisés. Entonces todos los que estaban sentados en el concilio, al fijar los ojos en él, vieron su rostro como el rostro de un ángel (Hechos 6.8-15, énfasis del autor).

Como muchos en su tiempo y en los siglos siguientes, Esteban murió por mantener su fe. Con razón se ha dicho que las cosechas del cristianismo son tan buenas porque la semilla se ha regado con la sangre de los mártires de la Iglesia.

¿Cuántos miembros de nuestras congregaciones estarían dispuestos a darlo todo por Cristo, como lo hizo Esteban? ¿Estaría usted dispuesto a morir por el Señor? El sacrificio de Cristo no es digno de menos de quienes le han rendido sus vidas.

Entonces Pablo respondió: ¿Qué hacéis llorando y quebrantándome el corazón? Porque yo estoy dispuesto no solo a ser atado, mas aun a morir en Jerusalén por el nombre del Señor Jesús (Hechos 21.13).

El propio apóstol Pablo, quien una vez fuera perseguidor, ahora transformado en perseguido, estaba también dispuesto no solo a sufrir por Cristo, sino a morir por Él. ¡Esa es entrega! ¡Y ese tipo de entrega debe caracterizar a todo creyente!

EL DESTINO DE LA IGLESIA

Cuando en Mateo 16.18 Jesús dice que las puertas del Hades no prevalecerán contra ella, y cuando en Apocalipsis se hace referencia a la unión de Cristo con su Novia, se está sugiriendo que la Iglesia es indestructible. Que está destinada a un futuro glorioso pese a las persecuciones y ataques que pueda sufrir y que por cierto ha sufrido.

Y seréis aborrecidos de todos por causa de mi nombre, pero ni un cabello de vuestra cabeza perecerá (Lucas 21.17-18).

En realidad, la tónica de la vida de la Iglesia y por ende de sus integrantes ha sido de sufrimiento casi ininterrumpido. Si buscamos ejemplos en las Escrituras, encontraremos muchos que a partir del martirio de Esteban llenan páginas y páginas de sufrimientos y muerte. El mismo apóstol Pablo, como decimos algunas líneas más arriba, se distinguió en un período de su vida como perseguidor de la Iglesia. Y aunque es evidente que creía que lo que hacía agradaba a Dios, sembró el dolor y la muerte en muchos hogares cristianos.

Y si vamos a las páginas de la historia, no nos irá peor. La sangre de los mártires corrió generosa y aun sigue derramándose en algunas regiones del mundo.

Después de esto oí una gran voz de gran multitud en el cielo, que decía: ¡Aleluya! Salvación y honra y gloria y poder son del Señor Dios nuestro; porque sus juicios son verdaderos y justos; pues ha juzgado a la gran ramera que ha corrompido a la tierra con su fornicación, y que ha vengado la sangre de sus siervos de la mano de ella. Otra vez dijeron: ¡Aleluya! Y el humo de ella sube por los siglos de los siglos. Y los veinticuatro ancianos y los cuatro seres vivientes se postraron en tierra y adoraron a Dios, que estaba sentado en el trono, y decían: ¡Amén! ¡Aleluya! Y salió del trono una voz que decía: Alabad a nuestro Dios todos sus siervos, y los que le teméis, así pequeños como grandes. Y oí como la voz de una gran multitud, como el estruendo de muchas aguas, y como la voz de grandes truenos, que decía: ¡Aleluya, porque el Señor nuestro Dios Todopoderoso reina! Gocémonos y alegrémonos y démosle gloria; porque han llegado las bodas del Cordero, y su esposa se ha preparado. Y a ella se le ha concedido que se vista de lino fino, limpio y resplandeciente; porque el lino fino es las acciones justas de los santos. Y el ángel me dijo: Escribe: Bienaventurados los que son llamados a la cena de las bodas del Cordero. Y me dijo: Estas son palabras verdaderas de Dios (Apocalipsis 19.1-9).

Llegará el día, y ya pareciera estar a las puertas, en que se producirá el desenlace en la batalla final de la guerra espiritual en la que la Iglesia está involucrada. Entonces, la Iglesia será arrebatada para recibir al Señor en el aire, y así estar siempre con el Señor (1 Tesalonicenses 4.17).

Todavía un poco, y no me veréis; y de nuevo un poco, y me veréis; porque yo voy al Padre. Entonces se dijeron algunos de sus discípulos unos a otros: ¿Qué es esto que nos dice: Todavía un poco y no me veréis; y de nuevo un poco, y me veréis; y, porque yo voy al Padre? Decían, pues: ¿Qué quiere decir con: Todavía un poco? No entendemos lo que habla. Jesús conoció que querían preguntarle, y les dijo: ¿Preguntáis entre vosotros acerca de esto que dije: Todavía un poco y no me veréis, y de nuevo un poco y me veréis? De cierto, de cierto os digo, que vosotros lloraréis y lamentaréis, y el mundo se alegrará; pero aunque vosotros estéis tristes, vuestra tristeza se convertirá en gozo (Juan 16.16-20).

Capítulo 10

El Espíritu Santo, la Iglesia y su ministerio

Vivir sin pecado parece algo muy atractivo y muy inalcanzable. ¿Es realmente posible llevar una vida sin pecado? El Señor Jesús lo hizo, pero nosotros no podemos, porque nuestros cuerpos de «debilidad» todavía tienen que ser resucitados en «poder» (1 Corintios 15.43). Pero la promesa es que un día nuestra corrupción será puesta en incorrupción y finalmente el pecado será derrotado por completo en nuestras vidas. Mientras tanto, como Juan dice: «Si decimos que no tenemos pecado, nos engañamos a nosotros mismos, y la verdad no está en nosotros. [Mas] Si confesamos nuestros pecados, Él es fiel y justo para perdonar nuestros pecados, y limpiarnos de toda maldad» (1 Juan 1.8-9). Pero debo decir que el poder de vivir en victoria está a nuestra disposición en cada momento por lo que el Señor Jesús hizo en la cruz del Calvario por usted y por mí.

El escritor de Hebreos dice que «no tenemos un sumo sacerdote que no pueda compadecerse de nuestras debilidades, sino uno que fue tentado en todo según nuestra semejanza, pero sin pecado (Hebreos 4.15). Por eso usted y yo debemos ir continuamente a Él en nuestros momentos de debilidad. Lo encontraremos siempre dispuesto a librarnos desde lo más bajo hasta lo más extremo. Y Hebreos también dice: «Por lo cual puede también salvar perpe-

tuamente a los que por Él se acercan a Dios, viviendo siempre para interceder por ellos» (Hebreos 7.25).

El mismo Espíritu Santo que capacitó a Cristo Jesús para resistir las tentaciones de Satanás, está listo para darnos protección.[1]

Al hablar sobre la misión o papel de la Iglesia ante la obra destructora de Satanás, tenemos obligatoriamente que unirla con la obra del Espíritu Santo. La Iglesia es el instrumento que el Espíritu usa en esta guerra espiritual para llevar a cabo muchos de sus propósitos. Sin Él, la Iglesia estaría huérfana, incompleta e indefensa. Se debe entender, entonces, que cuando hablamos de la obra de la Iglesia también lo hacemos de la obra del Espíritu Santo. La importancia de esta unión en la lucha final está demostrada en las palabras de Cristo antes de ascender al cielo:

Y estando juntos, les mandó que no se fueran de Jerusalén, sino que esperasen la promesa del Padre, la cual, les dijo, oísteis de mí. Porque Juan ciertamente bautizó con agua, mas vosotros seréis bautizados con el Espíritu Santo dentro de no muchos días (Hechos 1.4-5).

EL ESPÍRITU SANTO

Aunque su presencia se advierte desde el Génesis mismo, no fue hasta que Cristo ascendió al cielo después de su resurrección en gloria, triunfo y poder que el Espíritu Santo tomó parte activa en el plan de redención del hombre.

El Espíritu Santo, tercera persona de la Trinidad, nunca dejó de trabajar. Podría decirse que es el manto generoso y bendito que ha cubierto al hombre desde sus orígenes, transmitiéndoles las bendiciones del Padre de amor. Y no solo al hombre, sino a la creación entera, la cual sintió también los efectos de la transgresión de nuestros primeros padres. De

---

1 Benny Hinn, *Bienvenido, Espíritu Santo*, Editorial Betania, Miami, FL, 1995, p. 154.

alguna manera que quizás no podamos entender a plenitud ahora, la creación también requiere, y seguirá necesitando hasta el día de su redención, de los cuidados amorosos de Dios que ejecuta el Espíritu Santo.

Porque la creación fue sujetada a vanidad, no por su propia voluntad, sino por causa del que la sujetó en esperanza; porque también la creación misma será libertada de la esclavitud de corrupción, a la libertad gloriosa de los hijos de Dios. Porque sabemos que toda la creación gime a una, y a una está con dolores de parto hasta ahora (Romanos 8.20-23).

Sin embargo, como decimos, su función fue más bien pasiva, tanto en el Antiguo Testamento como durante el ministerio de Cristo. Pero cuando el Señor finalizó su obra terrenal y se produjo el relevo, el Espíritu Santo entró de lleno a actuar, lo que hace en diferentes frentes.

Si la misión de Cristo fue morir en la cruz para brindar el medio para que el hombre se reencontrara con su Dios, ¿cuál es la misión del Espíritu Santo? Como ya se ha mencionado, su trabajo es hacer causa común con la Iglesia en la lucha contra Satanás. Pero además, el Espíritu Santo es el que permite al creyente, mediante una comunicación de Espíritu a espíritu, conocer a Dios, entender las Escrituras, encontrarle sentido a su fe, vivir «en el espíritu» y derrotar las obras del maligno. Es decir, en el poder del Espíritu es posible vivir en santidad.

Además, el Espíritu Santo hace el milagro que un pecador, al escuchar la voz de Dios, deje de endurecer su corazón y rinda su vida a Cristo. El Espíritu Santo es el que pone en el individuo la convicción de ser un pecador ante Dios. Pero por sobre todas las cosas, el Espíritu Santo tiene la misión de exaltar a la persona de Cristo de modo que sea Él, Jesucristo, quien sigue siendo el Salvador, el mediador entre Dios y el hombre. Sigue siendo el que habrá de regresar en gloria en su Segunda Venida. Por esto último decimos que cualquier intento de reemplazar a Cristo con el Espíritu Santo no es obra de Dios, sino de Satanás.

Y a propósito, durante los últimos años se han hecho muy populares ciertas oraciones que publica en los diarios de nuestro mundo hispano gente ignorante o, en el mejor de los casos, astutamente engañada. Son las llamadas «Oración al Espíritu Santo». Orar al Espíritu Santo y hacer unas cuantas faramallas más es cura milagrosa para toda clase de males, dicen los firmantes de aquellas breves inserciones. Pero eso no es más que otro intento del diablo para engañar a las personas. La Biblia sigue teniendo vigencia cuando dice que nadie puede ir al Padre si no es por Jesús. Y es el mismo Jesús el que dijo: «Yo soy el camino, y la verdad, y la vida; nadie viene al Padre, sino por mí» (Juan 14.6).

Tanto para hoy como para el primer siglo tienen validez aquellas sentencias categóricas de Pablo y del autor de Hebreos cuando dicen:

Porque hay un solo Dios, Y UN SOLO MEDIADOR ENTRE DIOS Y LOS HOMBRES, Jesucristo hombre (1 Timoteo 2.5, énfasis del autor).

Entonces, ¿para qué sirve la ley? Fue añadida a causa de las transgresiones, hasta que viniese la simiente a quien fue hecha la promesa; y fue ordenada por medio de ángeles en mano de un mediador. Y el mediador no lo es de uno solo; pero Dios es uno (Gálatas 3.19-20).

¿Cuánto más la sangre de Cristo, el cual mediante el Espíritu eterno [es decir, el Espíritu Santo] *se ofreció a sí mismo sin mancha a Dios, limpiará vuestras conciencias de obras muertas para que sirváis al Dios vivo? Así que, por eso es mediador de un nuevo pacto, para que interviniendo muerte para la remisión de las transgresiones que había bajo el primer pacto, los llamados reciban la promesa de la herencia eterna* (Hebreos 9.14-15).

Así como Jesús se sujetó estrictamente al Padre en el cumplimiento de su misión terrenal, el Espíritu Santo no pretende (si lo hiciera no sería Dios como lo es) quitarle la gloria a Cristo. Este es el Consolador, el Ayudador, el Inspirador que trabaja actualmente en el universo y seguirá trabajando. Su tarea es diferente. Su acercamiento al hombre también lo es. No tiene cuerpo definido como lo tuvo el Hijo. No habla en primera persona como lo hizo Jesús. No se le ve aunque sí se le siente. No cesa de trabajar, como lo hizo Jesús. Es el Espíritu Santo, en su misión creadora y misericordiosa, el que nos permite escribir este libro y a usted, lector, captar el mensaje.

LA IGLESIA

Como lo hemos dicho desde la introducción, estamos enfrascados en una guerra espiritual total. Esto no es un juego, aunque Satanás intente introducir este concepto en la mente de muchos cristianos. Cuando una persona se une a la iglesia a través de su entrega a Cristo, no se une a un club campestre ni a un club social. Está ingresando, sobre la marcha, a un ejército que ya está peleando. Un ejército que lucha contra Satanás por la salvación de miles y millones de personas. Que hace su parte en el fortalecimiento y extensión del Reino de Dios.

> *Porque no tenemos lucha contra sangre y carne, sino contra principados, contra potestades, contra los gobernadores de las tinieblas de este siglo, contra huestes espirituales de maldad en las regiones celestes. Por tanto, tomad toda la armadura de Dios, para que podáis resistir en el día malo, y habiendo acabado todo, estar firmes ... Y tomad el yelmo de la salvación, y la espada del Espíritu, que es la palabra de Dios (Efesios 6.12-13,17).*

> *Pues aunque andamos en la carne, no militamos según la carne. Porque las armas de nuestra milicia no son carnales, sino poderosas en Dios para la destrucción de fortalezas, refutando argumentos, y toda altivez que se levanta contra el conocimiento de Dios, y llevando cautivo todo pensamiento a la obediencia a Cristo (2 Corintios 10.3-5).*

Misión de la Iglesia

La misión de la iglesia frente a Satanás es la salvación de los perdidos. Esto lo hará usando el arma de la Palabra de Dios. El apóstol Pablo la compara con una espada, a la que llama «la espada del Espíritu». Es esta Palabra la que produce, con la unción del Espíritu Santo, el conocimiento y la fe que llevan a la salvación: «La fe es por el oír, y el oír por la Palabra de Dios» (Romanos 10.17).

El Señor mismo le dio a la Iglesia los dos métodos que debería usar con la Palabra para cumplir con la misión que le encomendó:

■ *Predicación*: la exposición sencilla de las verdades espirituales.
■ *Enseñanza*: la profundización de esas mismas verdades escriturales que nos abren los ojos al mundo espiritual y a muchos de los peligros y luchas que tendremos que enfrentar en esta guerra espiritual.

Id por todo el mundo y predicad el evangelio a toda criatura ... Enseñándoles que guarden todas las cosas que os he mandado ... Y que desde la niñez has sabido las Sagradas Escrituras, las cuales te pueden hacer sabio para la salvación por la fe que es en Cristo Jesús (Marcos 16.15; Mateo 28.20; 2 Timoteo 3.15).

Satanás detesta que la iglesia sea portadora de un mensaje de la Palabra tan poderoso como para que muchos sean salvos de su eterna perdición. Le molesta mucho ver que la Iglesia, a través del conocimiento de la Palabra, prepara un ejército con fe en las promesas de Dios. Y que bien provisto de armas espirituales, lucha incansablemente por la destrucción de sus maquinaciones perversas.

El llamado de la Iglesia para combatir el mal

La Iglesia tiene el llamado a usar el poder de la Palabra y la fuerza del Espíritu Santo para combatir la opresión satánica.

Con estos recursos puede enfrentar el poder del diablo que en estos tiempos apocalípticos ha descendido sobre los habitantes de la tierra con millones de demonios para arreciar sus ataques como nunca antes.

Tenían cola como de escorpiones, y también aguijones; y en sus colas tenían poder para dañar a los hombres durante cinco meses. Y tenían por rey sobre ellos al ángel del abismo (Apocalipsis 9.10,11).

Estos horribles seres descritos en el libro de Apocalipsis son demonios que ya han comenzado a manifestarse en este mundo como parte de la gran confrontación final. Son los que provocan el aumento de la violencia criminal en el mundo, la decadencia de la moral y la aceptación de estilos y normas peores que los de Sodoma y Gomorra. Todo esto indica que estamos frente a una presencia demoníaca como en ningún otro momento de la historia.

Mientras me encontraba trabajando en este libro en la ciudad de Miami, escuché de crímenes y asesinatos que me hacían estremecer. Pero uno que me conmovió más que otros fue el de una madre que su hija de diecisiete años asesinó mientras su padre se encontraba en una reunión de su iglesia. La hija la atacó con un cuchillo, apuñaleándola múltiples veces. Luego se acercó a su madre moribunda y sobre su cuerpo ensangrentado le preguntó si todavía estaba con vida. Al oír la voz de su madre pidiéndole clemencia, la siguió apuñaleando hasta la muerte. ¿Cómo podemos explicar tan horrendo crimen sin aceptar la presencia demoníaca en la niña?

Casos similares al de esta joven y al del endemoniado gadareno del que nos hablan los evangelistas pululan en la actualidad. Personas esclavizadas y presas en las garras de legiones de demonios que han bajado sobre este mundo en esta hora final.

Satanás sabe que la verdadera Iglesia de Jesucristo tiene la misión de libertar a los cautivos con el poder de la Palabra y del Espíritu Santo. De ahí su furia incontenible. Sabe además que su hora se acerca y quiere arrastrar con él al mayor número de personas posible. Es por eso que la Iglesia debe poner en función el poder que Dios le ha dado y cumplir su misión mientras tenga tiempo. El propio Señor lo dijo:

> *Debemos realizar con prontitud las tareas que nos señaló el que me envió porque ya falta poco para que la noche caiga y nadie pueda trabajar* (Juan 9.4, *La Biblia al día*)

Una iglesia de poder

La iglesia primitiva era una iglesia de poder. Llena de la gracia de Dios y del Espíritu Santo.

A lo largo de su historia, la Iglesia ha fluctuado entre la fortaleza y la debilidad. La experiencia del pueblo de Israel en su peregrinar por el desierto es típica de lo que ha sido el andar de la Iglesia a partir del primer siglo hasta ahora, que estamos al doblar de la esquina del siglo veinte.

Cuando Israel se arrepentía de sus pecados, de su idolatría, de su carnalidad y volvía a Jehová Dios en una actitud de humillación, el poder de Dios se manifestaba con poder. Se derrotaban a los enemigos y había prosperidad, paz y alegría. Las nuevas generaciones crecían confiadas y felices a la sombra del poder de Dios. Pero cuando volvía a extraviarse siguiendo sus propios caminos, volvía a sufrir desolación, fracasos y muerte.

Lo mismo ocurre con la Iglesia de Cristo y el creyente como individuo. Mientras busca la compañía de Dios, mientras cumple los compromisos adquiridos con Dios cuando entregó su vida a Cristo, cuando se nutre de la Palabra y clama en oración, la victoria le sonríe. Pero cuando deja esta práctica recomendada tantas veces por el Dios de Israel, por el Señor Jesucristo y los propios escritores neotestamentarios, la institución del cuerpo de Cristo se vuelve débil y carente de poder. Parte de su ministerio útil se pierde.

Recordemos que Dios escogió a la Iglesia para que fuera

parte de su plan para alcanzar al mundo. No la dejó desvalida. La dotó con el extraordinario poder de su Espíritu a fin de llevar a cabo esta misión. Por fe, cada creyente debe apropiarse de este poder que le capacitará para enfrentar las adversidades y los desafíos que le esperan. No vacilemos. Pongamos la mira en Jesucristo y comprendamos que ya contamos con el poder que nos prometió: «Pero recibiréis poder, cuando haya venido sobre vosotros el Espíritu Santo» (Hechos 1.8). El Espíritu Santo está con nosotros. Solo nos resta mostrarle al mundo que somos una Iglesia con el poder de Dios.

LA IGLESIA Y EL MINISTERIO DE LIBERACIÓN

El ministerio de liberación, después de la predicación del evangelio, tiene gran importancia en la lucha contra las obras del diablo. Durante siglos y mediante teorías y falsas interpretaciones, el adversario hizo todo lo posible para que la Iglesia se dedicara solo a predicar y echara a un lado su ministerio de liberación, sanidades y milagros. Sin embargo, este fue y sigue siendo parte del plan de Dios para su Iglesia.

En cierta ocasión, Roberto Evans, el hombre que Dios usó a principios de este siglo para provocar el gran avivamiento en Gales, Inglaterra, dijo:

> No puede haber un verdadero avivamiento mientras la Iglesia de Jesucristo no comience a echar fuera los demonios y a poner en acción el ministerio de liberación de los oprimidos y cautivos.

En mi propio ministerio y durante más de treinta y seis años he visto la necesidad de que la Iglesia ejerza el poder que Dios le ha dado. Para que la victoria cristiana permanezca y sea una realidad palpable, hay que libertar a los cautivos en los tormentos del poder demoníaco.

En 1989, durante el mes de febrero, a la República de Venezuela se estremeció ante un levantamiento popular donde las muertes fueron por miles. Las personas se dedicaron a saquear y quemar tiendas y negocios desde Caracas, la capital, hasta muchas ciudades del interior. Se sentía, detrás de aquella acción violenta de miles de personas, la acción demoníaca que para agitarlos usaba la frustración y la miseria económica que experimentaba toda la nación. El gobierno tuvo que suspender las garantías constitucionales y poner a todo el país bajo un toque de queda. Un mes después, y como un portento de Dios, comenzamos en la ciudad de Valencia y en la tercera plaza de toros más grande del mundo la cruzada más importante de nuestro ministerio. Milagrosamente, el gobierno nos autorizó la cruzada en una ciudad y una nación donde todavía se podía sentir la nube pesada de legiones de demonios que descendieron sobre ese pueblo para traer muerte y desolación. Sin embargo, a pesar de esa fuerte presencia demoníaca, allí también se hizo sentir, a través de la iglesia, la presencia de Dios y de su Espíritu Santo.[2]

Durante las dos semanas que duró la cruzada, el crimen y la violencia en toda la región casi desaparecieron. Cada noche, de doscientas a trescientas personas endemoniadas se liberaban visible y palpablemente mientras como en los tiempos bíblicos salían los demonios dando grandes voces. Las personas, luego de quedar libres, daban testimonio público del poder del evangelio en sus vidas. Más de sesenta y tres mil personas hicieron profesión de fe y durante los quince días que duró la cruzada, más de ochocientas mil personas escucharon la Palabra de Dios. Miles vieron el poder milagroso del Espíritu Santo actuando, sanando y libertando.

A través de una gigantesca cadena radial, el mensaje predicado en la plaza de toros alcanzó a toda la nación venezolana. La esperanza y la nube de la gloria de Dios evitó

---

2 Jesús comparó a su Iglesia con la sal de la tierra y la luz del mundo. Y la comparación se basaba en ese poder que Él pondría en ella para contrarrestar las fuerzas de las tinieblas con esa poderosa luz eterna de su Espíritu.

en aquel momento que Satanás y sus demonios llevaran a ese país a una sangrienta revolución.

Venezuela no fue la excepción. Es importante que reconozcamos que las manifestaciones del poder de Dios por medio de su Iglesia pueden ocurrir en todo momento y lugar. Jesucristo mismo nos dio la autoridad y las señales que la confirman:

Y estas señales seguirán a los que creen: En mi nombre echarán fuera demonios (Marcos 16.17).

He aquí os doy potestad de hollar serpientes y escorpiones, y sobre toda fuerza del enemigo, y nada os dañará (Lucas 10.19).

Cuando la Iglesia abandona el terreno de lo milagroso, el diablo lo llena de brujos, hechiceros, espiritistas, astrólogos, curanderos, santeros y síquicos como podemos verlos hoy por docenas en la televisión nacional e internacional. Cuando los que tienen el verdadero poder se echan a un lado, aparecen los farsantes y los «gana dinero fácil», los mentirosos y los comerciantes. Los inescrupulosos que se aprovechan de la ingenuidad de las personas y les roban

> *Parte importante del papel de la Iglesia en la batalla final es ser canal para que el poder de Dios salve, sane y liberte.*

no solo su dinero, sino también su alma y su lugar en el cielo.

Se necesita una Iglesia capaz de enfrentarse al diablo en el terreno de lo sobrenatural y milagroso para que no sucedan casos como el de los Reagan. Muchos cándidamente piensan que estas cosas no trascienden, pero también se ven en las altas esferas. Es proverbial la dependencia que tenía Nancy Reagan, la esposa del Presidente de Estados Unidos, del consejo de sus astrólogos. Durante el doble período presidencial del mandatario, la prensa nacional comentaba que en esa dependencia arrastraba también a su esposo que, sin convicciones cristianas profundas y sin un conocimiento efectivo de Dios y su Hijo, la seguía de buena fe en sus pronósticos, advertencias y «consejos». La agenda del señor Presidente se hacía según las predicciones de los astros. Y los Reagan no han sido los únicos. Entre los famosos, ricos y poderosos abundan las bolas de cristal, las cartas del Tarot, las salidas en miércoles pero jamás en martes ni viernes (y ni se diga si es 13).

Cuando Dios controla el mundo espiritual a través de su Iglesia, el espacio que puede usar Satanás se reduce proporcionalmente y con ello la maldad que hace. Es por ello que la Iglesia debe actuar directamente con la autoridad que Dios le dio en lo espiritual a fin de afectar también las cosas en la esfera material.

LA IGLESIA Y EL MINISTERIO
DE SANIDAD Y MILAGROS

La enfermedad es uno de los frentes de batalla más difíciles que tiene que enfrentar la Iglesia en el cumplimiento de su misión.

Como todos sabemos, la enfermedad entró al mundo por causa del pecado y el engaño del diablo. El enemigo de nuestras almas es también el adversario de todo lo que pueda significar paz y felicidad para los hijos de Dios. Por diferentes medios, e incluso directamente, la obra de los espíritus demoníacos llevan al hombre a la pérdida de la salud física y emocional.

Entonces salió Satanás de la presencia de Jehová, e hirió a Job con una sarna maligna desde la planta del pie hasta la coronilla de la cabeza (Job 2.7).

Y a esta hija de Abraham, que Satanás había atado dieciocho años (Lucas 13.16).

¿Está alguno enfermo entre vosotros? Llame a los ancianos de la iglesia, y oren por él, ungiéndole con aceite en el nombre del Señor. Y la oración de fe salvará al enfermo, y el Señor lo levantará (Santiago 5.14-15).

El Señor Jesucristo, durante gran parte de su ministerio terrenal, sanó milagrosamente a los que sufrían de diversas enfermedades. A Jesús siempre lo movió una gran compasión por los oprimidos y atormentados del diablo. Y Dios ha traspasado a la Iglesia ese mismo poder sanador y restaurador de Jesús, sobre la base de la misma declaración del Señor, quien dijo:

De cierto, de cierto os digo: El que cree en mí, las obras que yo hago, él las hará también; y aun mayores hará, porque yo voy al Padre. Y todo lo que pidiereis al Padre en mi nombre, lo haré, para que el Padre sea glorificado en el Hijo (Juan 14.12-13).

> *Cuando la Iglesia echa a un lado el uso del poder del Espíritu Santo en la esfera de lo milagroso, nos quedamos sin una formidable arma.*

La obra de sanidad y de milagros que se vio en el ministerio de Cristo, también se puede ver en la iglesia primitiva y apostólica.

Entonces Felipe, descendiendo a la ciudad de Samaria, les predicaba a Cristo. Y la gente, unánime, escuchaba atentamente las cosas que decía Felipe, oyendo y viendo las señales que hacía. Porque de muchos que tenían espíritus inmundos, salían estos dando grandes voces; y muchos paralíticos y cojos eran sanados (Hechos 8.5-7).

A través de todo el libro de Hechos de los Apóstoles y la historia de la iglesia primitiva este escenario de señales, sanidades y milagros fue la norma y no la excepción. Al tener lugar, estas señales y milagros dejaban bien en claro que Dios no solo estaba con los proclamadores de su mensaje, sino que su poder seguía inalterable y actuando siempre para desbaratar las obras del diablo.

Cuando la iglesia echa a un lado el uso del poder del Espíritu Santo en la esfera de lo milagroso, nos quedamos huérfanos de una poderosa arma contra Satanás. Mi experiencia ha sido que cuando se manifiesta el poder milagroso de Dios no solo se benefician los necesitados de sanidades y milagros, sino que los incrédulos creen y van a los pies de Cristo.

En 1972, llevamos a cabo una cruzada en Ciudad Bolívar, Venezuela, a las márgenes del río Orinoco. Una noche, la madre y la abuelita del pequeño Osvaldo Velásquez Rojas, de apenas nueve años, lo llevaron a la cruzada. Osvaldo, a quien todos conocían como Osvaldito, vivía como un vegetal. Una extraña y terrible enfermedad lo estaba matando. Sus padres habían gastado todo cuanto tenían. Fueron a cuanto médico y brujo se ponía a su alcance. No perdían la esperanza de que algo o alguien les sanara a su pequeño hijo. Osvaldito no podía caminar. Casi no podía hablar y su cuerpo, convertido casi en solo piel y huesos, estaba retorcido presentando un aspecto sobrecogedor. Lo llevaron una noche, dos, tres. Cada noche estaban allí. Esperaban un milagro de Dios. Estaban como el paralítico junto al estanque de Betesda:

> Y hay en Jerusalén, cerca de la puerta de las ovejas, un estanque llamado en hebreo Betesda, el cual tiene cinco pórticos. En éstos yacía una multitud de enfermos, ciegos, cojos y paralíticos, que esperaban el movimiento del agua. Porque un ángel descendía de tiempo en tiempo al estanque, y agitaba el agua; y el que primero descendía al estanque después del movimiento del agua, quedaba sano de cualquier enfermedad que tuviese. Y había allí un hombre que hacía treinta y ocho años que estaba enfermo (Juan 5.2-5).

Osvaldito, su madre y su abuelita esperaban que Dios manifestara su misericordia y lo sanara. Nosotros esperábamos lo mismo. Orábamos fervientemente por él. Pero pasaba el tiempo y no ocurría nada. Hasta que una noche, el poder sanador de Dios descendió y en un milagro impresionante Dios lo sanó. El impacto de aquella sanidad sobrenatural fue tal que toda la prensa del estado Bolívar la publicó. La difusión de esta noticia hizo que muchos incrédulos sintieran también el toque del poder milagroso de Dios y entregaran sus vidas a Cristo.

Osvaldito ya es un hombre. Se graduó en la universidad. Pude verlo hace algunos años sirviendo al Señor, con entusiasmo y alegría. ¡No es para menos, después de recibir un don tan grande de Dios!

Si la iglesia actual volviera a seguir y a imitar el ejemplo de la iglesia primitiva, podría verse una vez más un movimiento auténtico permanente del Espíritu Santo sin necesidad de depender de artilugios y tácticas mundanas y carnales a los que muchos acuden para llenar sus iglesias y para satisfacer las expectativas de sus seguidores.

La confirmación de todo lo antes dicho está en el siguiente pasaje. Ojalá que nuestros líderes eclesiásticos lleven a sus rebaños de vuelta a la senda antigua.

> *Y por la mano de los apóstoles se hacían muchas señales y prodigios en el pueblo; y estaban todos unánimes en el pórtico de Salomón. De los demás, ninguno se atrevía a juntarse con ellos; mas el pueblo los alababa grandemente. Y los que creían en el Señor aumentaban más, gran número así de hombres como de mujeres; tanto que sacaban los enfermos a las calles, y los ponían en camas y lechos, para que al pasar Pedro, a lo menos su sombra cayese sobre alguno de ellos. Y aun de las ciudades vecinas muchos venían a Jerusalén, trayendo enfermos y atormentados de espíritus inmundos; y todos eran sanados* (Hechos 5.12-16).

LA IGLESIA: UNA VOZ PROFÉTICA

En esta hora, la Iglesia es la voz profética de Dios como lo fueron los profetas en el Antiguo Testamento y los apóstoles y discípulos en la iglesia primitiva.

En el cumplimiento de este papel, la Iglesia tiene que ser no solo la portadora de la verdad, sino también su más ardiente defensora. Vivimos tiempos apocalípticos. Satanás sabe que esta es su última batalla por lo que lanza ataques desesperados contra la Iglesia en general y contra todo aquello que se oponga a sus planes. Confusiones teológicas con apariencia de pureza, pero que en su interior llevan el fermento del engaño y de la muerte. Doctrinas erróneas, pero expuestas como si fueran las nuevas verdades salvadoras. Esta es la tónica de los días que vivimos. Surgen los «unificadores de iglesias» cuyos líderes pretenden ser los nuevos mesías ya que según lo proclaman a través de los poderosos medios masivos de comunicación que manejan, el Hijo de Dios fracasó y hay que buscarle uno que lo sustituya. Y claro. Los reemplazantes son ellos. ¡Qué desparpajo! ¡Con qué rudeza va a caer la mano de Dios sobre estos mentirosos y desalmados de la fe!

Pero el Espíritu dice claramente que en los postreros tiempos algunos apostatarán de la fe, escuchando a espíritus engañadores y a doctrinas de demonios (1 Timoteo 4.1).

La sana doctrina

Como voz profética, es necesario que la iglesia contienda eficazmente por la sana doctrina. Que abandone su actitud complaciente y tolerante hacia los falsos profetas. Que adopte una actitud militante para evitar que las falsas enseñanzas sigan engañando a las gentes.

Así como en el Antiguo Testamento los profetas de Dios asumían una postura recta y valiente contra el engaño y la falsedad, la Iglesia debe alzar su voz hoy día aunque vengan amenazas y presiones de los poderosos mercaderes de la religión. Aunque los agentes del diablo sumidos en las más tétricas tinieblas espirituales nos vengan a intimidar.

Dijo Micaías: Vive Jehová, que lo que mi Dios me dijere, eso hablaré. Y vino al rey (2 Crónicas 18.13).

Ante la obra de confusión doctrinal que existe en el día actual, la Iglesia tiene que llevar a cabo su rol profético. Debe enseñar la verdad de Dios y al mismo tiempo denunciar toda falsedad.

Me ha sido necesario escribiros exhortándoos que contendáis ardientemente por la fe que ha sido una vez dada a los santos (Judas 1.3).

Es triste ver en el día de hoy iglesias que guardan silencio con tal de mantener gran número de asistentes y grandes entradas de dinero para financiar sus monumentales presupuestos. Se niegan a denunciar la corrupción de la sociedad en que viven. Corrupción que se encuentra incluso en sus propios escaños, coros y púlpitos. Se toleran condiciones morales que harían parecer el caso de la iglesia de Corinto un juego de niños. Actúan a la ligera. No imitan al apóstol Pablo cuando denuncia proféticamente el pecado de inmoralidad que se permitía en Corinto:

De cierto se oye que hay entre vosotros fornicación, y tal fornicación cual ni aun se nombra entre los gentiles, tanto que alguno tiene la mujer de su padre (1 Corintios 5.1).

Al escribir en ese tono, el apóstol cumplía su responsabilidad profética. Y esa forma de enfrentar los problemas no fue solo en este caso, sino que la mantuvo a lo largo de todo su ministerio y aun hasta el mismo momento de su muerte.

Denuncia a tiempo

Si la iglesia hubiera hecho oír su voz a tiempo, quizás la humanidad no habría conocido a un Adolfo Hitler, a un Mussolini en Italia, a un Trujillo en República Dominicana, a un Castro en Cuba. El holocausto de seis millones de judíos tal vez nunca hubiera ocurrido. Tampoco el Tribunal Supremo de Estados Unidos nunca hubiera eliminado la oración a Dios y la lectura de la Biblia de las escuelas.

El hijo de la educadora atea Madelyn Murray O'Hare me dijo hace poco: «Mi madre me usó para llevar a cabo el caso del que se valió Satanás para eliminar la lectura de la Biblia y la oración a Dios del sistema de educación de la nación más poderosa de la tierra. Pero nada de esto se habría logrado si en aquel momento de la década del sesenta, en vez de estar encerrados gozándose en sus templos, los cristianos hubieran sido la voz profética de Dios en este país».

En 1976 presidí la Cruzada contra la Pornografía en la isla de Puerto Rico. Por aquel entonces, la pornografía empezaba a aumentar en toda la isla. Un día, mientras predicaba desde un púlpito, me hice el compromiso de llevar la voz profética de Dios a las calles, frente a aquellos antros de perdición. La idea predominante en la iglesia en esos días era que los creyentes solo podían alzar su voz desde las cuatro paredes del templo. Acompañado solo de mi esposa Isaura, nuestra hijita Kimmey, que por ese entonces tenía solo dos años de edad, y por un puñado de creyentes compuesto en su mayoría por cristianos de la organización «Catacumbas»[3] iniciamos la lucha.

Con este pequeño y mal organizado ejércitos de cristianos le declaramos la guerra a aquel imperio criminal. A medida que fuimos penetrando en las entrañas del enemigo, descubrimos que aquel era un negocio multimillonario. ¡Dura empresa en la que nos comprometimos! ¿Valía la pena seguir adelante, o mejor «le dejábamos el problema al Señor»? Recordamos el daño que la pornografía le estaba haciendo a nuestros niños, a nuestros adolescentes, a nuestras familias y a nuestra propia nación. Así es que decidimos seguir adelante.

Nuestros enemigos no surgieron únicamente de las entrañas de aquel monstruo. También surgieron de las filas de nuestros propios hermanos. De los centros de una iglesia fría, apática e indiferente. Nos atacaron desde los púlpitos y de cualquiera otra tribuna que resultara apropiada. Nos tildaron de endemoniados. Nos decían que los cristianos no se enredaban en protestas frente a prostíbulos, tiendas de venta

---

3 La organización cristiana «Catacumbas» estaba formada por jóvenes que habían salido de las drogas y de los movimientos políticos revolucionarios. Se destacaba entre ellos un joven universitario llamado Milton Picón, que hoy día es el presidente de la organización *Morality in Media* que lucha en todos los frentes contra la pornografía y otros males sociales.

de artículos pornográficos, ni cines donde se exhibían estas películas inmorales.

Pero no cedimos. Más bien con renovados ímpetus continuamos en nuestra denuncia. La voz profética de «cuatro gatos» empezó a resonar como el rugir de leones o como el estruendo de muchas aguas. Dos años después se comenzó a ver la mano de Dios actuando.

El entonces gobernador, Lic. Carlos Romero Barceló, nombró la primera comisión en la historia de Puerto Rico para estudiar el problema de la pornografía. Sus integrantes, miembros de su gabinete y quien esto escribe comenzamos a trabajar. En lo que a este servidor respecta, me hice asesorar en esta tarea por el joven Picón.

El fruto de esta lucha fue la aprobación de la ley más estricta y fuerte contra la pornografía en toda la nación estadounidense: cerrar todos los cines pornográficos y evitar que el crimen organizado del este de Estados Unidos convirtiera a nuestra isla en algo semejante a Las Vegas o a la Calle 42 y Broadway, en Nueva York.

Por supuesto, el problema total no estaba resuelto y aun hoy vemos que Satanás tiene nuevas cabezas de playa en la isla. Sin embargo, con nuestro esfuerzo y determinación probamos que cuando una iglesia cumple con su deber profético de actuar y alzar su voz contra la injusticia y la corrupción, Dios hace milagros en esa sociedad donde reside la iglesia.

A cada pastor, evangelista, ministro y creyente laico de la iglesia de Cristo que está leyendo este libro los exhorto a ser fieles a Dios. A que se sobrepongan a todos los intentos de Satanás por llenarles de temor y desaliento para lo cual usa a los incrédulos y a los mismos creyentes. Que a diferencia de Elías que en medio del caos y la perversión que había en el gobierno de Acab y Jezabel huyó a esconderse en las cuevas de la frustración y el desánimo, alcen su voz y confíen en aquel que les ha llamado. Satanás trata de hacernos creer que no quedan creyentes valientes que se atrevan a alzar su voz profética en esta hora. Pero quedan muchos siervos de Dios que siguen luchando contra las fuerzas del mal. Con ellos hay que hacer cuerpo y constituir una muralla infranqueable.

> *Y Jehová le dijo: ¿Qué haces aquí, Elías? Él respondió: He sentido un vivo celo por Jehová Dios de los ejércitos; porque los hijos de Israel han dejado tu pacto, han derribado tus altares, y han matado a espada a tus profetas;* Y SOLO YO HE QUEDADO, Y ME BUSCAN PARA QUITARME LA VIDA (1 Reyes 19.9, 10, énfasis del autor).

Levantemos nuestras voces en esta hora final y proclamemos a los cuatro vientos que ante el caos, la injusticia, la inmoralidad y la incertidumbre que hoy vivimos todavía hay esperanza en Cristo Jesús Señor nuestro. No temamos la desolación y aparente ausencia de voces que defiendan la verdad. Recordemos lo que Dios le dijo a Elías: «Y yo haré que queden en Israel siete mil, cuyas rodillas no se doblaron ante Baal, y cuyas bocas no lo besaron» (1 Reyes 19.18).

Escuchemos la voz de Cristo señalándonos a todos que no estamos solos, ni lo estaremos jamás. Aunque la batalla arrecie, aunque Satanás pareciera querer vencernos, aunque nuestras fuerzas tiendan a debilitarse, recordemos lo que dijo Jesús:

> *Y ... les habló diciendo: Toda potestad me es dada en el cielo y en la tierra ... y he aquí yo estoy con vosotros todos los días, hasta el fin del mundo. Amén* (Mateo 28.18,20).

Capítulo 11

Rumbo al final
de la batalla

Hay silencio en el cielo. La voz de Dios ha hecho callar cada cántico angelical: es que traen las oraciones de los santos. Estas oraciones se han acumulado, y guardado en copas de oro. Dios ordena que las traigan ante su trono, y al respirar el aroma de ellas, mezcladas como están con el incienso del mismo sumo sacerdote, no se permite un solo sonido que pueda perturbar esa sagrada hora. Pero eso no es todo, a continuación se ordena derramar esas oraciones sobre la tierra desde donde vinieron, y al cumplirse la orden, hay voces y truenos, y un gran terremoto, y los poderosos ángeles que vendrán en el próximo advenimiento se preparan para hacer sonar las trompetas que proclamarán la llegada de la consumación de la era. Todo ha llegado a través de la oración; por la pasión y los santos deseos de amantes corazones cristianos. ¡Ojalá comprendiéramos nuestra sublime vocación! ¡Que pudiéramos entrar al Santísimo por su preciosa sangre! ¡Que conociéramos el poder de su resurrección y sus padecimientos! ¡Que nos salváramos de la maldición de la tibieza y nos encendiéramos con el fuego apasionado del divino amor![1]

La guerra espiritual, que comenzó con la rebelión de Satanás, llegará a su fin tal como empezó: con una batalla final entre él y sus demonios y las fuerzas de nuestro Rey y Señor Jesucristo con la iglesia como el ejército decisivo. ¡Y victorioso! (Apocalipsis 12.7)

---

1   Alberto Benjamín Simpson, *Las profecías de Isaías*, Editorial CLIE, España, pp. 209-210.

Solo basta leer los titulares de la prensa mundial para percatarnos de que los acontecimientos se precipitan con tal rapidez que ya no cabe duda de que estamos a punto de entrar a la recta final y decisiva de esta carrera cósmica. El regreso de Cristo al mundo está a las puertas. Cada momento está más cerca. Y la iglesia y los creyentes que la formamos, somos y seremos los actores principales; los soldados que continuaremos dando el todo por el todo para cumplir las profecías bíblicas, que hablan, precisamente, de la victoria de Cristo y los creyentes sobre Satanás y sus seguidores.

LA GUERRA DEL GOLFO Y ARMAGEDÓN

La prensa de los Estados Unidos y otras partes del mundo relacionaron la Guerra del Golfo con el Apocalipsis y Armagedón, estos últimos asociados estrechamente con el final de los tiempos. Esto viene a confirmar lo que dijimos anteriormente, que un sentimiento generalizado de que ya estamos en la etapa final de la carrera se ha apoderado de toda la humanidad. Y aunque esa guerra no fue ni remotamente lo que se decía que sería («la madre de todas las guerras», frase supuestamente pronunciada por el presidente de Irak), sirvió como advertencia ante la cercanía del fin de esta era.

A la región del golfo concurrieron más de quinientos mil soldados equipados con los armamentos más sofisticados. El enemigo era Saddam Hussein, gobernante de Irak, la antigua Babilonia. La guerra no culminó con la civilización ni mucho menos, sin embargo, envió mensajes claros a la humanidad. Una gran conflagración se acerca: la guerra de Armagedón (Apocalipsis 16.16), cuyos resultados serán muy diferentes a los de la del golfo.

> Juan da el nombre de Armagedón a la gran batalla al fin de los tiempos en la que lucharán las fuerzas del bien y del mal. El mal será derrotado y destruido. Dios triunfará. Algunos opinan que esto será el comienzo del fin de la historia, pues Cristo entregará el reino a su Padre. Otros dicen que la

victoria de Cristo en esta batalla, al producirse su Segunda Venida, señalará el comienzo de su reinado de mil años sobre la tierra.[2]

La plaza fuerte de Meguido, que se levanta sobre la llanura en la parte meridional del valle de Esdraelón o Jezreel, tomó el nombre de *Har-magedon*, «monte de Meguido» ... En Apocalipsis 16.16 se dice que es aquí donde ocurrirá finalmente la batalla culminante entre las fuerzas del bien y del mal.[3]

Lo que oímos por la radio, vemos por la televisión y leemos en la prensa escrita demuestra que nos tocó vivir el momento más dramático de toda la historia de la humanidad. Porque no pasa ni un día sin que se cumpla alguna profecía bíblica, apuntando al fin del imperio de Satanás y al comienzo del Reino del Cordero de Dios y León de Judá, Cristo el Señor.

Satanás también observa la cercanía del fin, por eso vierte toda su furia sobre la tierra y la raza humana. Él entiende que su mayor obstáculo es la Iglesia que, como dijo Jesús en el Sermón del Monte, es «la sal de la tierra» y «la luz del mundo», en quien habita el Espíritu Santo. Todas las fuerzas del infierno se levantan en oposición a cualquier esfuerzo de ella por adelantar el Reino de Dios.

¡Ay de los moradores de la tierra y del mar! Porque el diablo ha descendido a vosotros con gran ira, sabiendo que tiene poco tiempo (Apocalipsis 12.12).

ATAQUES DESDE AFUERA

La persecución religiosa

Bienaventurados sois cuando por mi causa os vituperen y os persigan (Mateo 5.11).

---

2 *Biblia de estudio Harper/Caribe*, nota a Apocalipsis 16.16, Editorial Caribe, Miami, 1980, p. 1373).
3 *Biblia de estudio Harper/Caribe*, nota a 2 Crónicas 35.22, Editorial Caribe, Miami, 1980, p. 500.

Como lo señalamos, la persecución contra la iglesia cristiana comenzó declaradamente con el martirio de Esteban en el primer siglo de nuestra era. Tenía razón Jesús cuando en su Sermón del Monte dijo: «Bienaventurados sois cuando por mi causa os vituperen y os persigan, y digan toda clase de mal contra vosotros, mintiendo. Gozaos y alegraos, porque vuestro galardón es grande en los cielos; porque así persiguieron a los profetas que fueron antes de vosotros» (Mateo 5.11-12). Además, indicó: «Pero antes de todas estas cosas os echarán mano, y os perseguirán, y os entregarán a las sinagogas y a las cárceles, y seréis llevados ante reyes y ante gobernadores por causa de mi nombre. Y esto os será ocasión para dar testimonio» (Lucas 21.12-13).

La pauta fijada por la muerte de Esteban se ha seguido casi en forma invariable a través de los años. Sin importar cultura, nación, idioma o tipo de gobierno, el pueblo cristiano ha sido perseguido y maltratado. En Colombia, por ejemplo, en la época cuando aun se perseguía a los evangélicos en forma salvaje, Satanás, bajo el disfraz de la jerarquía católica, y en complicidad con los poderes del estado, trató de liquidar al movimiento evangélico. Durante aquellos años, se asesinó a más de treinta y cinco misioneros extranjeros y a cientos de pastores colombianos. Muchísimos creyentes pagaron con sus vidas por el «delito» de ser cristianos. Sus mujeres fueron violadas, sus templos quemados y destruidos. Los cadáveres de los evangélicos no podían ser enterrados ni siquiera en los cementerios del estado. Los niños en edad escolar no podían matricularse en las escuelas a menos que negaran su fe y volvieran al catolicismo.

Cualquiera diría hoy que esos hechos son producto de la fantasía de un fanático con delirio de persecución; pero no. Hasta hace pocos años, eso ocurría en Colombia. Las páginas de la historia lo registrarán algún día; más aun, hay constancia de ello en el cielo, donde no se pasará por alto el derramamiento de sangre inocente.

Mediante la violencia, Satanás trató de detener en Colombia el avance del evangelio y el crecimiento de la iglesia. Pero los resultados fueron completamente contrarios, porque por cada pastor asesinado se levantaba otro, y por cada templo incendiado se construía uno nuevo y más grande. Pronto todos los templos evangélicos del país estaban llenos de nuevos convertidos, personas que, desafiando la violenta persecución, rendían sus vidas a Cristo.

Las experiencias que viví y lo que escuché de labios de quienes protagonizaban este drama no se borrarán jamás de mi mente ni de mi corazón. Son inspiración en los momentos difíciles de mi vida; y me confirman que con la ayuda del Señor se pueden vencer aun las pruebas más grandes y dolorosas.

Una de las cruzadas más bellas y poderosas que celebramos en Colombia fue la de 1981, en la Plaza de Toros Santa María, en la ciudad de Bogotá. Allí, Satanás hizo todo lo que pudo para detener la obra del Señor. Usó mentiras y difamaciones para lo cual se valió del noticiero más escuchado en toda la nación. Desde los condominios que rodeaban la plaza de toros, cada noche lanzaban sobre las personas allí reunidas bolsas con excremento, basura y botellas de vidrio con orina.

> *Con la ayuda del Señor se pueden vencer aun las pruebas más grandes y dolorosas.*

A pesar de todo eso, el número aumentaba noche tras noche, la asistencia final fue superior a las setenta mil personas, con gente que llenaba las calles aledañas a la plaza de toros. Durante los quince días que duró la cruzada se registraron cientos de sanidades, y más de treinta y cinco mil profesiones de fe. Satanás trató de amedrentar al pueblo, pero fracasó.

Después de finalizada la cruzada fuimos perseguidos por las autoridades, incitados por la iglesia católica; y por el movimiento guerrillero M-19 que también trataban de terminar con nosotros. Luego de no pocas zozobras mi familia y el equipo evangelístico lograron salir del país, mientras yo permanecía en la clandestinidad huyendo de los enemigos, hasta que fui expulsado.

Satanás pensó que había triunfado, pero grande fue su desengaño cuando en el año 1993 regresamos al mismo lugar, la Plaza de Toros de Bogotá, donde la victoria en Cristo fue mayor. Miles vinieron a los pies del Señor. El último día más de cien mil personas asistieron a escuchar la palabra de fe y salvación.

Vivimos persecuciones similares junto a la iglesia cristiana de El Salvador, durante la guerra que allí se vivió; en Nicaragua, en medio de la guerra en ese país. Y al subir a las montañas de Chiapas, en México, hace dos años, conocimos el sufrimiento de los perseguidos por su fe en Cristo.

En las montañas y selvas de Chiapas más de seiscientos cristianos perdieron la vida y más de treinta y cuatro mil han quedado sin hogar, desplazados de sus casas y sus tierras por mantener su fe. Estos creyentes son hostigados por el movimiento zapatista al negarse a tomar las armas contra el gobierno establecido y también por los indios chamulas. Estos mantienen una religión maya mezclada con catolicismo y tratan de hacer que los cristianos chamulas de Chiapas nieguen a su Señor.

A pesar de tan violentos ataques de persecución por parte de Satanás, en todos estos lugares el evangelio ha crecido en forma increíble. Por ejemplo, el lugar de mayor crecimiento del cristianismo evangélico en México es, precisamente, el Estado de Chiapas, donde ya existen más de quinientos mil creyentes. En El Salvador y Nicaragua el cristianismo evangélico creció de manera más espectacular aún, precisamente en el tiempo de la guerra.

En todo esto se manifiesta el poder de Dios al trocar en bendiciones las maldiciones del maligno. Aquí se cumple una vez más la promesa: «Y sabemos que a los que aman a Dios, todas las cosas les ayudan a bien» (Romanos 8.28).

Persecución legalizada

Esta es otra estrategia que usa Satanás para entorpecer el trabajo de la Iglesia: la persecución legalizada. Con este término se explica la autoridad legal que avala al gobierno establecido para emplear su derecho de atacar a la verdadera Iglesia de Jesucristo. Esto lo hace mediante la aprobación de leyes, inspiradas por Satanás, que le confieren el poder de actuar legalmente. Él infiltra a sus agentes y emisarios en las esferas de gobierno (Poder Ejecutivo), en los lugares donde se hacen las leyes (Poder Legislativo) y en los tribunales donde ellas se aplican (Poder Judicial), con el propósito de usar al sistema contra la iglesia.

Hispanoamérica es escenario de la furia y astucia del enemigo, estableciendo concordatos y pactos con los gobiernos, tratando de convertir a los cristianos no católicos en ciudadanos de segunda clase en sus propios países. Estos concordatos —legales, pero inmorales— coartan los derechos humanos, en especial los de libre expresión, de los evangélicos y dificultan la predicación del evangelio puro de Jesucristo.

En la República de Venezuela, por ejemplo, existe el Departamento de Culto, adscrito al Ministerio de Justicia, que viola los más fundamentales derechos humanos imponiendo un control estricto sobre las actividades de los evangélicos. Sin embargo, se excluye de todas esas exigencias a la Iglesia Católica. Lo mismo ocurre en otros países del continente.

Esas mismas tácticas las usó Lenin en 1917, cuando triunfó la revolución bolchevique y tomó el control del gobierno en Rusia. Se aprobaron leyes prohibiendo la libertad de expresión con lo cual se coartó la libertad de predicar el evangelio. Se prohibió la libre distribución y circulación de la Biblia, a la vez que incluso se prohibió su lectura. Los creyentes dejaron de disfrutar del derecho de reunirse libremente para adorar a Dios lo que provocó que muchos fueran a dar a la cárcel y no pocos pagaron con su vida el atrevimiento de testificar ante las autoridades de su fe en Cristo. Esta situación se extendió por los demás países tras la Cortina de Hierro. Su máxima expresión se concretó en la República de Albania, que hoy se encuentra sumida en una guerra civil provocada por las protestas de miles de ciudadanos debido a la pérdida de sus ahorros a manos de inescrupulosos. Albania, en su tiempo, fue la única república oficialmente atea en la historia del hombre. En China continental, desde el año 1948 hasta el presente, el cristianismo debe luchar contra una fuerte corriente gubernamental que le impide desarrollarse como en otros lugares. Las restricciones afectan en forma directa a los creyentes que —a diferencia de los que viven en países nominalmente cristianos— a diario deben arriegar su fe, peligrando incluso su integridad física.

Y seréis aborrecidos de todos por causa de mi nombre; mas el que persevere hasta el fin, éste será salvo (Mateo 10.22).

La República de Cuba, declarada marxista leninista después del triunfo revolucionario en 1959, vio al cristianismo, por simple cuestión logística, como enemigo de la revolución. Se entró, entonces, al camino por el cual han transitado todos los gobiernos que adoptaron igual filosofía política: restringir la actividad de la Iglesia de Cristo.

Se aprobaron leyes que a la vez que reforzaban al marxismo como filosofía de vida, pretendían ahogar al cristianismo como idéntica aspiración. Y tal como ha ocurrido siempre y en todo lugar, después de tanta lucha infructuosa, el gobierno de Cuba ha tenido que aceptar que el cristianismo no es un movimiento humano que se puede aplastar con leyes y decretos.

La Iglesia de Cristo no desaparece con nada. Como dijo un periodista guatemalteco cristiano a quien hace poco le notificaron que grupos paramilitares de ultraderecha lo habían condenado a muerte: «A nosotros no nos condenan a muerte; nos condenan a resurrección». ¡Aleluya! Los atentados contra la vida de los creyentes pueden causar dolor temporal, angustia a familiares y a la propia víctima; pueden entorpecer en algún grado el libre desarrollo del espíritu cristiano en las gentes, pero el cristiano que muere en Cristo no muere, sino que resucita. Y resucita a vida eterna.

Satanás también persigue a la iglesia a través de los gobiernos locales. Municipios, autoridades provinciales o estatales promulgan leyes respecto a permisos, zonificaciones y exigencias especiales para fastidiar a la iglesia evangélica. En Puerto Rico, una legisladora inventó hace unos años una norma llamada «Ley 35». Se trataba de una ordenanza de

zonificación simplemente malvada. De no haberse levantado la iglesia evangélica en protesta, se habría tenido que
cerrar más de cuatro mil templos.

Un juez de San Juan ordenó a un pastor pentecostal
demoler su propio templo porque unos vecinos opositores a
la iglesia argumentaron que la presencia del templo devalua-
ba sus propiedades. La voz profética de la iglesia en estas dos
ocasiones fue tan potente que las autoridades tuvieron que
desistir de su empeño y el templo que tenía que desaparecer
no fue tocado. La ley misma, por la acción valiente de la
iglesia, fue inutilizada. Como otra consecuencia de este intento de atropello a la Iglesia de Cristo, la persona que había
presentado la «Ley 35» y que en un momento de su vida
política aspiró a la gobernación del país, perdió las elecciones.

Pastores, ministros, líderes cristianos, hermanos en la fe:
Dios nos ha hecho más que vencedores. Si buscamos el rostro
de nuestro Señor Jesucristo y dejamos que el Espíritu Santo
actúe en y a través de nosotros, obtendremos la victoria.

Persecusión mediante la homosexualidad, y la drogadicción

En la sociedad actual, cada día parece más impopular enfrentar la violencia que despliegan homosexuales y viciosos para
escalar posiciones. Y aunque este es un terreno en el cual la
Iglesia debe trabajar, no hay que olvidar que la agresividad
de estos grupos se ha transformado en una cabeza de playa
para que Satanás ataque también al cuerpo de Cristo. Muchos homosexuales han salido del closet, para usar el dicho
angloamericano. Aunque personas con estas desviaciones
han existido siempre (véase Génesis 19.4-9), Satanás está
tratando de obligar a la sociedad a aceptar la homosexualidad como cosa normal y digna del mayor respeto.

Guardando ciertas distancias, porque de hecho habría
algunas diferencias, es como cuando la justicia deja en libertad a un violador de menores. Este, con todos los derechos
constitucionales que le asisten, se va a vivir a un barrio donde
se respeta, se quiere y se cuida a los menores. Y los residentes

de la localidad tienen que aceptarlo para no violar los derechos de él. Pero, malhechor por naturaleza, y valiéndose de la protección que le da la ley, vuelve a seducir y a violar. Y así, *ad infinitum.*

Este ataque del reino de las tinieblas es devastador y sus consecuencias son inmensas. Solo hay que leer los periódicos, ver la televisión, poner atención a la letra de cierta música, ver las películas que se están produciendo aquí y allá para entender hasta dónde ha llegado la influencia homosexual.

Como ya se muestran a cara descubierta, es posible verlos insertos en los campos de la medicina, la cultura, los negocios, la política, las artes. Y no están ahí ejerciendo simplemente sus trabajos profesionales. Están allí luchando para conseguir más espacio y privilegios.

Satanás está usando a los gobiernos del mundo para promover los matrimonios entre personas del mismo sexo. Y como dentro de este esquema se les permitiría adoptar hijos, los que a su vez serían inducidos a seguir el estilo de vida de sus padres adoptivos, se llegaría al día cuando no haya más nacimientos. Y la natalidad se habrá controlado. Claro, es más fácil escribirlo que alcanzarlo. Sin embargo, la agresividad de estos grupos está llevando su lucha a un punto peligroso de atropello a las libertades sacerdotales. En efecto, se ciernen amenazas sobre rabinos, sacerdotes, ministros o líderes religiosos que se opongan a casar a personas del mismo sexo. Se les puede obligar a hacerlo o a pagar su desacato a la ley con cárcel. Ante esta situación, ¿seguirá la Iglesia de Cristo guardando silencio?

> *Y llamándoles, les intimaron que en ninguna manera hablasen ni enseñasen en el nombre de Jesús. Mas Pedro y Juan respondieron diciéndoles:* Juzgad si es justo delante de Dios obedecer a vosotros antes que a Dios; porque no podemos dejar de decir lo que hemos visto y oído (Hechos 4.18-20, énfasis del autor).

Los adictos que se administran drogas con jeringuillas contaminadas han desatado, junto con los homosexuales, la plaga del SIDA. Millones de personas ya han muerto en todo el mundo y millones más están esperando el momento de exhalar el último suspiro. Los enfermos de SIDA piden comprensión, hacen manifestaciones para que los gobiernos destinen más y más fondos para subsidiar su condición. Salen a la prensa resentidos porque se les deja abandonados a su suerte y no se les ayuda como creen merecerlo.

Pocos reconocen que el costo de sus vicios y las implicaciones de las enfermedades mortales que contraen, caen en forma de mayores cargas impositivas sobre los hombros de las personas temerosas de Dios que se cuidan de no pecar contra sus cuerpos. Parecen no estar dispuestos a aceptar que mientras ellos descienden en el tobogán de la muerte, cientos y miles de otros como ellos están manteniendo relaciones sexuales ilícitas e intercambiándose jeringuillas sin importarles el peligro de contraer la enfermedad (Romanos 1.27).

No. Ellos no están solos. Toda la sociedad está cargando con las consecuencias de sus pecados.

Pornografía

El reto que confronta la iglesia es aun mayor pues no se trata únicamente de doctrinas falsas y del movimiento homosexual. Se trata de todo un arsenal de maldad, entre lo cual está la pornografía, la violación de personas, especialmente niños; y la degradación de la mujer.

Aunque la pornografía ha existido en el pasado en forma limitada, es ahora que Satanás la está usando al máximo gracias a los adelantos tecnológicos en el campo de las comunicaciones. Con la popularización del cine, la televisión, los videos y ahora las computadores y el Internet, esta plaga se esparce por el mundo como la peste bubónica lo hizo en el pasado a través de toda Europa.

El gobierno del presidente William Clinton, en un intento por frenar esta escalada de vicios, enfermedades y muerte, intentó controlar la pornografía a través del Internet. Pero, en aras de mantener el respeto por los derechos de la persona (la tristemente famosa Primera Enmienda de la Constitución de los Estados Unidos), la Corte Suprema se pronunció en contra. De modo que a partir de ahora, la pornografía campeará a través de las atestadas carreteras del Internet, con el respaldo nada menos que de la Corte Suprema de Justicia de los Estados Unidos.

ATAQUES DESDE ADENTRO

La infiltración

Porque algunos hombres han entrado encubiertamente (Judas 4).

Junto con sus ataques desde afuera, Satanás ha desarrollado también la estrategia de infiltrarse en la iglesia y atacarla, precisamente, desde adentro.

En su obra inmortal, *La Ilíada*, Homero relata los pormenores de la guerra entre los griegos y la ciudad fortificada de Troya. La guerra comenzó cuando Paris, hijo de Príamo, rey de Troya se raptó a Helena, la joven y hermosa esposa del rey Menelao, de Grecia. Según el relato de Homero, la guerra duró diez largos años. Los griegos atacaron por tierra y mar a una ciudad fuertemente protegida con murallas.

Durante mucho tiempo, miles de naves se apostaron frente a las costas de Troya mientras decenas de miles de soldados griegos cercaban la ciudad. Pero una vez tras otra el espíritu de lucha de los troyanos y las enormes murallas, derrotaron todo intento de los griegos por tomarse la ciudad y vengar así la humillación sufrida por su rey ante el rapto de Helena. Después de haberse derramado mucha sangre, una mañana al salir el sol, los centinelas de Troya vieron que todas las naves enemigas y el campamento de los griegos habían desaparecido. No quedaba nada, salvo un enorme caballo de madera frente a las puertas de la ciudad.

Ancianos de la ciudad, el rey y los altos jefes militares discutieron acerca de aquel extraño regalo de sus adversarios y el propósito que podría ocultar. Algunos decían que era la manera en que los griegos reconocían la supremacía de Troya y que lo habían dejado allí como expresión de su reconocida derrota; otros, en cambio, dijeron que era un engaño y que debían quemarlo en las afueras de la ciudad.

Al fin triunfaron los que abogaban por conservar el supuesto regalo, de modo que una multitud de troyanos lo empujó hasta dejarlo en el mismo centro de la ciudad. Esa noche hubo una gran celebración. Soldados y civiles bebieron hasta emborracharse. Mientras los guardias y el pueblo dormían, se abrió una puerta secreta que tenía el caballo y de él comenzaron a salir soldados griegos que abrieron las enormes puertas de la ciudad para que pudieran entrar las tropas griegas que en ese entonces ya habían regresado al escenario de la guerra.

> *Satanás ha desarrollado también la estrategia de infiltrarse en la iglesia y atacarla, precisamente, desde adentro.*

El desenlace de la historia es fácil de imaginar. Los griegos masacraron a los troyanos y conquistaron la ciudad que por diez años no pudieron derrotar desde afuera. En cuestión de horas se perdió desde adentro un pueblo entero que con sus propias manos introdujo a su amada ciudad aquel engañoso presente dentro del cual se ocultaba la muerte.

Hace unos años, cuando estuve en Turquía, pude pararme y contemplar las ruinas de aquellas civilizaciones antiguas. Sin duda que Homero preparó su historia con un alto grado de fantasía e imaginación, pero la realidad es que la moraleja se puede aplicar a la lucha que la Iglesia viene librando contra Satanás y sus ejércitos.

Desde el mismo comienzo, los creyentes tienen que enfrentarse a dos frentes de batalla: uno desde afuera y el otro desde adentro. Este último, sin duda, es el más peligroso de los dos. Pablo hace alguna referencia a esta táctica satánica cuando al despedirse de los creyentes de Mileto les dice: «Porque yo sé que después de mi partida entrarán en medio de vosotros lobos rapaces, que no perdonarán al rebaño. Y de vosotros mismos se levantarán hombres que hablen cosas perversas para arrastrar tras sí a los discípulos» (Hechos 20.29-30).

El apóstol Judas también expresa esta misma preocupación en la única epístola que escribió cuando denuncia esta maquinación demoníaca, diciendo: «Porque algunos hombres han entrado encubiertamente, los que desde antes habían sido destinados para esta condenación, hombres impíos, que convierten en libertinaje la gracia de nuestro Dios, y niegan a Dios el único soberano y a nuestro Señor Jesucristo» (Judas 4).

Juan el teólogo, autor del libro de Apocalipsis, también registra palabras divinas de denuncia frente a esta peligrosa táctica de Satanás cuando dirigiéndose a la iglesia en Pérgamo, afirma:

«Pero tengo unas pocas cosas contra ti: que tienes ahí a los que retienen la doctrina de Balaam, que enseñaba a Balac a poner tropiezo ante los hijos de Israel, a comer de cosas sacrificadas a los ídolos, y a cometer fornicación. Y también tienes a los que retienen la doctrina de los nicolaítas, la que yo aborrezco» (Apocalipsis 2.14-15).

Falsas doctrinas

Sino que hay algunos que os perturban y quieren pervertir el evangelio de Cristo (Gálatas 1.7).

El síndrome del caballo de Troya funciona, en relación con el Cuerpo de Cristo, a través de la infiltración de doctrinas falsas. Estas, como aquellos soldados griegos de Homero, terminan por abrir las puertas al grueso de los enemigos, con resultados muchas veces catastróficos.

En su primer viaje misionero, el apóstol Pablo estuvo en la provincia de Galacia, una región de Asia Menor, lo que hoy es Turquía. Allí fue dejando esparcidas nuevas congregaciones de creyentes en Cristo. Y es a ellos a quienes escribe su famosa epístola a los Gálatas. En esta carta les advierte de una corriente de judíos a los que se les conocía como judaizantes y que confundían al pueblo enseñándoles doctrinas falsas.

Los judaizantes insistían en que además de su fe en Cristo tenían que someterse al rito de la circuncisión, guardar los días sagrados del judaísmo y cumplir con su ley ceremonial.

Mientras esos falsos maestros negaban la autoridad apostólica de Pablo, exaltaban las obras de la Ley, pervirtiendo el verdadero evangelio. Estos instrumentos del diablo lograron perturbar tanto a los creyentes de Galacia que Dios tuvo que usar a Pablo para esclarecer la confusión dentro de la comunidad eclesiástica. Por supuesto, tal confusión era producto de la táctica satánica de atacar a la iglesia desde adentro.

Porque todos los que dependen de las obras de la ley están bajo maldición, pues escrito está: Maldito todo aquel que no permaneciere en todas las cosas escritas en el libro de la ley, para hacerlas. Y que por la ley ninguno se justifica para con Dios es evidente, porque: El justo por la fe vivirá (Gálatas 3.10, 11).

A través de mis viajes he visto que este espíritu judaizante se está manifestando en muchas congregaciones cristianas. Por ejemplo, cuando me convertí al evangelio me enseñaron que si el Espíritu Santo venía sobre uno era posible que uno «bailara en el Espíritu». Muchas veces experimenté eso, pero ahora este movimiento judaizante se ha dedicado a promover dentro de las congregaciones cristianas las danzas, que en esencia pertenecen a la tradición cultural judía.

Se ha llegado al punto de que hay congregaciones en las que se enseña este tipo de danzas. No se trata de juzgar el estilo de adoración de nadie; sin embargo, creo que con estas prácticas estamos cayendo en el mismo engaño que cautivó a los creyentes de Galacia. Con ello negamos la eficacia de la gracia y la justificación por la fe, lo cual es fundamental al evangelio.

¿Por qué digo esto? Porque un error conduce a otro: se comienza con las danzas y luego se sigue con las fiestas judías, la indumentaria e incluso el aprendizaje de la lengua de los judíos. Una forma moderna de judaísmo. Los judaizantes, conscientes o inconscientes, indudablemente siguen vivos.

Quizás tales cosas no ocurran en su iglesia o su experiencia en cuanto a lo que estoy diciendo sea nula; sin embargo, el problema existe y, en algunos círculos evangélicos, tiende a crecer. En muchos de estos lugares es posible ver bailarines de ambos sexos vistiendo ropas extravagantes y provocati-vas, argumentando que las usaban en el antiguo Israel.

Además de estas doctrinas judaizantes existen las secula-rizantes que intentan infiltrar la adoración. Para ello se pres-tan algunos cantantes cristianos que incluyen más y más, en sus actuaciones, ritmos mundanos. Y hasta «artistas sin mu-chas convicciones cristianas, pero sí excelentes intérpretes», suben al altar del Señor a ministrar la adoración; es decir, lo que importa es la calidad profesional de los músicos y no la devoción y sentido de adoración con que se toca, se canta o se danza.

Dios es santo. Tres veces santo. Y lo que Él busca es un espíritu contrito y humillado. Tales adoradores Él busca que le adoren. Se engañan quienes creen que Dios se impresio-nará por una buena orquesta que interprete maravillosamen-te «¡Cuán grande es Él!», pero que al hacerlo su conexión espiritual sea con Satanás en lugar de ser con Dios. Se puede cantar en la carne, y se puede cantar en el espíritu. Dios rechaza de plano lo primero, y acepta complacido lo segundo.

Nadab y Abiú, hijos de Aarón, tomaron cada uno su incensario, y pusieron en ellos fuego, sobre el cual pusieron incienso, y ofrecie-ron delante de Jehová fuego extraño, que Él nunca les mandó. Y salió fuego de delante de Jehová y los quemó, y murieron delante de Jehová (Levítico 10.1-2).

Tal vez no se haya vuelto a dar en la historia de la iglesia otro caso como el de Nadab y Abiú, que murieron por el furor de Jehová. Dios no acepta fuego extraño, como no acepta otra adoración que no proceda de un corazón contrito y humilla-do. Dios quiere adoradores que le adoren en verdad. Si se practica una perversión de la adoración en la casa de Dios es posible que en cualquier momento el caso de los hijos de Aarón vuelva a ocurrir.

El materialismo

Y escribe al ángel de la iglesia en Laodicea ... Porque tú dices: Yo soy rico, y me he enriquecido, y de ninguna cosa tengo necesidad;

y no sabes que tú eres un desventurado, miserable, pobre, ciego y desnudo (Apocalipsis 3.14, 17).

La ciudad de Laodicea llegó a ser famosa por su belleza y por su prosperidad económica. Cuando Cristo le habla en Apocalipsis a la iglesia de este lugar, es porque parece que estaba bajo la influencia de la atmósfera de opulencia reinante en la ciudad.

LAODICEA: Ciudad en Asia Menor, situada en Frigia, en el valle del Lico. Fue fundada por el seléucida Antíoco II (siglo III a.C.) y nombrada en honor de su esposa Laodice. Era una ciudad tan próspera en su comercio, que después de un terremoto desastroso en 60 d.C. se dio el lujo de rehusar el subsidio imperial ofrecido para su reconstrucción (compárese con Apocalipsis 3.17). Su ubicación sobre una transitada carretera hizo de ella un centro bancario (compárese con Apocalipsis 3.18a); sus productos característicos eran ropas de una brillosa lana negra y polvos medicinales.[4]

La iglesia de Laodicea era rica en bienes materiales, pero tibia y pobre en materia de fe y servicio a Dios. Satanás le infiltró la soberbia que tiende a producir la abundancia de bienes materiales en la gente. Como le afirma Jesús en su mensaje, su condición de rica le produjo ceguera espiritual y una falta de profundidad en su vida así como en su relación con Dios.

Hoy, el materialismo a veces aparece ligado a lo que algunos llaman «superfé» que ha dado a luz lo que se conoce como la «doctrina de la prosperidad». La «superfé» puede hacernos perder de vista el hecho de que nuestra fe y nuestra vida espiritual deben enraizarse en las cosas de arriba y no en las de la tierra (Colosenses 3.1, 2).

A través de la historia, la semilla del materialismo no asegura un fruto bueno, sino más bien trágico. Como para ilustrar esta aseveración, recordemos la otrora famosa y opulenta Laodicea. ¿Dónde está? ¿Qué encontramos al visi-

---

4 *Diccionario ilustrado de la Biblia*, Editorial Caribe, Miami, 1990, p. 369.

tar el sitio donde prosperó y llegó a ser grande y famosa? Un montón de ruinas abandonadas a las que los turcos llaman Eski Hissar (que traducido quiere decir «El viejo castillo»).

Hace tres años, al visitar Turquía, vi lo que quedó de la otrora imponente Laodicea. También pude comprobar con tristeza que en toda aquella región de Asia Menor, donde hubo iglesias prósperas en su fe, casi ha desaparecido todo vestigio del cristianismo. Ahora domina el islam. ¿Habrá sido aquella prosperidad factor determinante para que el trabajo de Pablo por Cristo sufriera la actitud desentonada de la iglesia de Laodicea? ¿Será cierto que donde no hay un compromiso serio y firme con Cristo la fe de muchos se debilita hasta morir? ¿O será que Satanás tiene más poder que nuestro Dios? Por supuesto que no. Pero el mal comenzó dentro de la misma iglesia cuando le dio entrada al materialismo.

Hoy resulta muy atrayente este nuevo caballo de Troya, camuflado con una «fe» tan grande que con solo desearlo y pedirlo, Dios tiene la obligación de hacernos prósperos materialmente. Es atractivo especialmente en esta época de la historia del hombre cuando la filosofía humanista asigna un valor exagerado a las cosas materiales. Vivimos tiempos de tremendas presiones económicas, tanto a nivel de las grandes compañías del mundo como al del más pobre de los ciudadanos. Los poderosos de la tierra, los que manejan el poder económico, se fusionan para no desaparecer. Reducen costos muchas veces despidiendo miles y miles de empleados. Cierran fábricas, buscan países de la tierra donde puedan pagar menos impuestos, se van a la quiebra. Grandes empresas bancarias se desploman y sus ejecutivos se suicidan o van a la cárcel mientras industrias y compañías, que en un momento fueron prósperas, desaparecen como la flor del campo.

Respecto a la familia sencilla de nuestras ciudades y pueblos, en los últimos años pareciera que su vida se ha reducido a trabajar para sobrevivir. Y mientras por un lado trata de reunir lo necesario para pagar las cuentas, por el otro los medios de comunicación la tientan a endeudarse más de lo que puede soportar. Las tarjetas de crédito, que hasta hace algunos años eran recurso exclusivo de las sociedades desarrolladas, ahora se encuentran en todas partes. Hermosamente elaboradas y mejor promocionadas, atraen a los incautos como la luz de una lámpara atrae a los insectos. En medio de esta situación, predicar que hemos sido salvos para ser ricos y poderosos pareciera ser el mensaje que todos quieren oír.

La gente en busca de prosperidad hace cualquier cosa con tal de obtenerla, y tiende a cometer el error de apartarse de la voluntad perfecta de Dios. Y este es un juego peligroso que ningún líder cristiano honesto recomendaría a sus feligreses. Porque puede ocurrir lo que le pasó a un matrimonio puertorriqueño que vivía en Brooklyn, Nueva York. Un día decidieron regresar a Puerto Rico con miras

> *El materialismo es el moderno caballo de Troya dentro del cual Satanás manda a sus secuaces para que desbaraten la Iglesia de Cristo.*

a prosperar. Se lo dijeron a su pastor que, con más sabiduría y mejor perspectiva, trató de convencerlos de que no hicieran el viaje.

La protagonista de la historia me lo testificó. Una noche, mi esposa y yo nos encontramos con ella en la calle, mientras huía de un prostíbulo en el que había caído. La llevamos a casa y le curamos sus heridas. Allí nos contó que al llegar a Puerto Rico su esposo la abandonó por otra mujer, dejándola desamparada con sus hijos. Aquella situación la indujo a prostituirse. La prosperidad que buscaban, sobre la base de una decisión tomada fuera de la voluntad de Dios, terminó en desolación y ruina.

Otro posible peligro para los que integran el materialismo a su vida cristiana es la desvalorización de dos verdades bíblicas fundamentales en la doctrina cristiana: la muerte física y la venida de Cristo por su Iglesia. Debido al énfasis que se da a la buena vida presente y a la prosperidad material, se alimenta y engorda el sentido materialista hasta el punto que pueden olvidar que Cristo viene pronto. O que, en el momento menos pensado, Él puede llamarnos a su presencia. Cuando Pablo dijo: «Poned la mira en las cosas de arriba, no en las de la tierra» (Colosenses 3.2), quizás estaba pensando también en esto: el creyente no puede quitar su mirada de las cosas espirituales porque con esto correría un grave peligro. Recordemos el hermoso himno que nos dice:

Pon tus ojos en Cristo,
tan lleno de gracia y amor
Y lo terrenal sin valor será
a la luz del glorioso Señor

Creo que Dios hace milagros y que, además, quiere lo mejor para sus hijos en lo que se refiere a bendiciones y prosperidad material. Pero el peligro está en la desviación doctrinal en que a veces se incurre. En muchos casos caen en el error de darle más importancia a la sanidad del cuerpo que a la salvación del alma; a la prosperidad material que al crecimiento espiritual. Cuando se invierten las prioridades en la vida de la iglesia y en la del cristiano, se le da a Satanás un arma poderosa.

> *El primer gran error de la «teología de la prosperidad» es la interpretación mañosa que hacen de la fe.*

La fe tiene diversas manifestaciones y aunque ella es importante para vencer los problemas económicos y para conseguir sanidad física, no es esa su más importante manifestación. La función más relevante de la fe es hacernos reconocer nuestra muerte y la vida victoriosa que Cristo nos da. Somos justificados por la fe y por ella tenemos paz con Dios (Romanos 5.1). Nuestra fe es «la victoria que ha vencido al mundo» (1 Juan 5.4).

Los que se jactan de su enorme fe y prosperidad deberían recordar que semejante jactancia llevó a la caída del más poderoso de los ángeles del cielo. También deberían recordar que los héroes del capítulo 11 de Hebreos estuvieron dispuestos a perderlo todo, incluso sus vidas, por la fidelidad a nuestro Dios:

Mas otros fueron atormentados, no aceptando el rescate, a fin de obtener mejor resurrección. Otros experimentaron vituperios y azotes, y a más de esto prisiones y cárceles. Fueron apedreados, aserrados, puestos a prueba, muertos a filo de espada; anduvieron de acá para allá cubiertos de pieles de ovejas y de cabras, pobres, angustiados, maltratados; de los cuales el mundo no era digno; *errando por los desiertos, por los montes, por las cuevas y por las cavernas de la tierra. Y todos éstos, aunque alcanzaron buen testimonio mediante la fe, no recibieron lo prometido; proveyendo Dios alguna cosa mejor para nosotros, para que no fuesen ellos perfeccionados aparte de nosotros* (Hebreos 11.35-40, énfasis del autor).

Quisiera decirles a quienes enseñan esta doctrina enfatizando el materialismo del error que se fijen dónde terminó el famoso Robert Tilton: en caos y en ruina, con una congregación de miles de personas confundidas espiritualmente quizás para siempre. Que escuchen lo que Jim Bakker dice en cuanto a que esta perversa enseñanza lo llevó a destruir su hogar, su ministerio y su vida. No solo fue encarcelado por delincuente, sino encerrado en un manicomio como un loco.

> *Hay decisiones que parecen pequeñas, pero que tomadas fuera de la voluntad de Dios nos pueden llevar al precipicio.*

Piensen por un momento, no en ustedes que se encuentran en el vértice de la pirámide, sino en los humildes y pequeños, esos que confían ciegamente en lo que les enseñan. Cuando se les muera un hijo, cuando se les descubra un cáncer maligno, cuando se destruya su matrimonio, cuando un desastre natural los deje sin casa y sin empleo, ¿cómo se sentirán? ¿Estarán esos ingenuos creyentes listos para enfrentar tales calamidades? ¿Entenderán en esos momentos que hay ocasiones cuando los verdaderos cristianos tienen que tomar su cruz y seguir al Maestro en medio del dolor e incluso del fracaso?

Si alguno quiere venir en pos de mí [dijo Jesús], *niéguese a sí mismo, y tome su cruz, y sígame* (Mateo 16.24).

Antes de proseguir quiero señalar que creía que la mayoría de las personas y líderes que promueven esta doctrina eran sinceros en sus convicciones. En ocasiones hasta les oí predicando las verdades puras del evangelio; sin embargo, he llegado a la conclusión de que muchos son utilizados por Satanás. Porque por un lado son los primeros (y quizás los únicos) que llenan sus cuentas bancarias de dinero, producto de ofrendas y donaciones; y, por el otro están llevando por la senda del error a miles que les escuchan, les creen y tratan de ser prósperos con el simple expediente de dar al «siervo» que los induce a hacerlo, con la esperanza que Dios les centuplique su sacrificio. Aquí no hay un enfoque doctrinal equivocado. Lo que hay es mercantilismo puro. Es hacer de la credulidad religiosa de la gente un buen negocio para ganar dinero fácil.

La desviación de los verdaderos propósitos

Cuando Dios designó a Josué como el sucesor de Moisés, le detalló con toda claridad cuáles eran sus metas, objetivos y propósitos con sus correspondientes responsabilidades. Pero además le dijo que el éxito de su misión dependería de que no se desviara del plan y exigencias divinas:

Nadie te podrá hacer frente en todos los días de tu vida; como estuve con Moisés, estaré contigo; no te dejaré, ni te desampararé. Esfuérzate y sé valiente; porque tú repartirás a este pueblo por heredad la tierra de la cual juré a sus padres que la daría a ellos. Solamente esfuérzate y sé muy valiente, para cuidar de hacer conforme a toda la ley que mi siervo Moisés te mandó; no te apartes de ella ni a diestra ni a siniestra, para que seas prosperado en todas las cosas que emprendas. Nunca se apartará de tu boca este libro de la ley, sino que de día y de noche meditarás en él, para que guardes y hagas conforme a todo lo que en él está escrito; porque entonces harás prosperar tu camino, y todo te saldrá bien (Josué 1.5-8).

Cuando Josué y el pueblo obedecieron, obtuvieron el triunfo, como ocurrió con la toma de la ciudad de Jericó (Josué 6.20). Pero cuando desobedecieron y se desviaron del propósito y las exigencias de Dios, tuvieron que enfrentar el fracaso (Josué 7.4).

Veamos la siguiente ecuación:

obediencia = victoria
desobediencia = derrota

Esta ecuación se repite no solo en las páginas de la Biblia sino a través de la historia de la iglesia. Por años, Satanás ha usado esta táctica. Por ejemplo, a principios de este siglo, las iglesias tradicionales o históricas eran el principal factor de evangelización del mundo, pero lentamente, Satanás las fue desviando de ese propósito fundamental. En algunas de ellas más que en otras, la función principal de la iglesia llegó a ser la preocupación social.

El engaño de Satanás fue, y sigue siendo: «A través de la obra social también se evangeliza», olvidándose de lo que dijo Cristo a las multitudes cuando estas lo encontraron en Capernaum después de atravesar el mar de Galilea: «Me buscáis, no porque habéis visto las señales, sino porque comisteis el pan y os saciasteis». La tendencia del ser humano es, precisamente, esa. A menos que haya una definida acción evangelizadora, la ayuda social —muy buena, necesaria y caritativa— se quedará en eso, en ayuda social.

Con ese concepto de evangelizar a través de las obras sociales, se fundaron hospitales, orfanatorios, escuelas. Sin embargo, en muchos casos —no todos aunque quizás la abrumadora mayoría— la administración financiera de esos establecimientos fue llevando a las iglesias más y más al mundo de los negocios. Y, lo que es peor, la alejó de su verdadera misión.

Sí, la iglesia tiene una gran responsabilidad social y humanitaria, pero el gran engaño de Satanás consiste en invertir el orden de prioridades, aunque es cierto lo que dice el apóstol Santiago: Y si un hermano o una hermana están desnudos, y tienen necesidad del mantenimiento de cada día, y alguno de vosotros les dice: Id en paz, calentaos y saciaos, pero no les dais las cosas que son necesarias para el cuerpo, ¿de qué aprovecha? (Santiago 2.15-16).

Tenemos que tener en cuenta que el mandamiento principal del propio Maestro fue: «Id por todo el mundo y predicad el evangelio a toda criatura» (Marcos 16.15).

Las obras humanitarias y de bien social deben brotar de una iglesia comprometida con la evangelización y saturada de compasión por las multitudes que van caminando al infierno sin fe ni salvación; sin Cristo. Aun en las escuelas, colegios o universidades, si no se tiene el objetivo principal de educar dentro de la fe cristiana, se produce una desviación tanto o más dañina que la mencionada. Educar por educar sin duda que es meritorio, pero que la iglesia, a través de sus instituciones eduque por educar, no parece lógico. Ni siquiera su sola enunciación lo sugiere como algo aceptable.

Los medios electrónicos

Pero digo: ¿No han oído? Antes bien, por toda la tierra ha salido la voz de ellos, y hasta los fines de la tierra sus palabras (Romanos 10.18).

En sus comienzos, la iglesia cristiana no disponía de los medios de comunicación, ni de transportación, ni tecnológicos que Dios ha puesto hoy en sus manos. Estos medios modernos se los entregó Dios a su Iglesia para que realizara sus propósitos en mejor forma. Mientras se usen en el orden fijado por Dios, no habrá problemas. Pero la tentación de adulterar la forma y el fondo del mensaje ha sido demasiado grande, con lo cual se ha desvirtuado el justo uso de estos medios, transformándolos en muchos casos de bendición a maldición.

El uso de la moderna tecnología es bueno y útil en cualquiera iglesia y ministerio. Lo que es inaceptable a los ojos de Dios y a los ojos de la ética bíblica es la mentira, el uso engañoso de estos medios con fines mercantilistas. Como el evangelista que le envió a una seguidora suya una de esas frías cartas computarizadas diciéndole que le diera la gloria a Dios porque había sido sanada por un milagro. Y la creyente hacía seis meses que había fallecido de cáncer.

O como los que a través de personal especializado producen mensajes con programas computarizados y los ofrecen al público como si son del Señor y ungidos por el Espíritu Santo. Algunos llegan al extremo de poner sus manos sobre los computadores y... ¡listo! ¡Las cartas que salgan de allí, vendrán cargadas de bendición!

Hoy día lo más común es que los evangelistas, teleevangelistas y predicadores de fama ni se tomen la molestia de leer y contestar cartas o consultas telefónicas o por el Internet. Lo hace a nombre de ellos el personal secretarial contratado. Y los miles y millones de dólares que recaudan, van directamente del donante a la cuenta bancaria del ministerio. A los ejecutivos les interesan los saldos. Y mientras más abultados con ceros a la derecha sean, mejor.

Si les llega mucho dinero, quiere decir que Dios «está bendiciendo» el negoc... perdón, el ministerio. Si hay apreturas económicas, si para pagar las cuentas y salarios hay que pasar horas sobre las rodillas clamando por la provisión de Dios; si los ejecutivos del ministerio tienen que viajar en aviones comerciales y no en jets privados, significa que el ministerio anda mal y quizás haya que dedicarse a algo más productivo.

¿No se darán cuenta estas personas que por menos que eso Dios mató a Ananías y Safira?

La radio y la televisión

Josep Gobels, el cerebro propagandista del Tercer Reich, utilizó al máximo la radio para convencer a una nación con las ideas de Hitler. Durante la Guerra Fría, el comunismo la utilizó para sembrar el odio y la mentira. Y el mundo democrático para combatir las ideas tiránicas y ateas del comunismo. La televisión ha tenido aun más impacto en la vida económica y política de la humanidad.

Estos dos medios también los usa la iglesia para confrontar a Satanás. Y con ellos se han logrado grandes victorias.

Cientos y miles de mensajes de salvación en Cristo Jesús surcan el aire en forma de ondas radiales e imágenes y llegan hasta lugares a los cuales de otra manera no se podría llegar. Consciente de este triunfo de la iglesia, Satanás se lanzó en su diabólico plan de inducir a muchos a quienes Dios había dado el privilegio de usar estos medios, para desviarlos en sus propósitos y fines.

Básicamente hay tres maneras en que Satanás ha logrado desvirtuar el uso de estos medios. El primero: En vez de usarse para proclamar las buenas nuevas de salvación, se dedican a crear contiendas y difundir difamaciones. En la pequeña isla de Puerto Rico existen más de dieciocho emisoras de radio cristianas y más de diez canales de televisión religiosa alcanzando a una población de casi cuatro millones de habitantes distribuidos en un territorio de treinta y cinco millas de ancho por cien de largo. Es, en todos los Estados Unidos y quizás en todo el mundo, el lugar con más medios cristianos de comunicación.

Es triste reconocerlo, pero varios de esos medios se desviaron del verdadero propósito de Dios. Lo que en un tiempo fue motivo de oraciones intensas para poder verlos convertidos en una realidad efectiva para el beneficio espiritual de nuestro pueblo, ahora son canales por los cuales se difama y destruye el testimonio de los hombres de Dios. Mientras hay quienes han sabido usar el talento que Dios puso en sus manos, otros lo han usado mal.

Un predicador con una poderosa emisora de radio logró destruir, a través de la difamación, el testimonio de hombres y mujeres de Dios y crear la más loca y degradante imagen de la iglesia cristiana en toda la historia del evangelio en Puerto Rico. Otro, dueño de un canal de televisión cristiana, hizo de este medio una fuente de vulgaridades y una tribuna de doctrinas falsas. Otro de los canales cristianos se convirtió en la plataforma política de un grupo y lentamente se fue desviando hacia el negocio del entretenimiento que produce dinero, relegando la predicación del evangelio.

Es mi más sincero deseo que los responsables de estos medios puedan recapacitar y volver a su propósito original, porque viene el día cuando todos los que recibieron esos recursos de parte de Dios serán llamados a juicio. Allí será el lloro y el crujir de dientes (2 Crónicas 7.14).

La política

Pareció bien a Darío constituir sobre el reino ciento veinte sátra- pas, que gobernasen en todo el reino. Y sobre ellos tres gobernado- res, de los cuales Daniel era uno, a quien estos sátrapas diesen cuenta, para que el rey no fuese perjudicado. Pero Daniel mismo era superior a estos sátrapas y gobernadores, porque había en él un espíritu superior; y el rey pensó en ponerlo sobre todo el pueblo (Daniel 6.1-3).

Política es el arte de gobernar. Los políticos existen desde que la raza humana empezó a vivir en sociedad. Incluso antes, si es que entendemos que —aparte de Dios— el primer gobernante sobre la faz de la tierra fue Adán (Génesis 2.15).

La política, en consecuencia, es un recurso dado por Dios al hombre para que se gobierne y se provea del ambiente necesario para vivir en sociedad. Y así ha ocurrido, aunque hay que reconocer que la función política no ha sido, ni de muy lejos, lo buena, pura y justa que debería ser.

«El poder corrompe», afirma un dicho popular. Y agrega: «Y el poder absoluto corrompe absolutamente». Esto es cier- to en cuanto al hombre, que es un ser caído, corrompido, pecador e injusto por naturaleza. Mas no es cierto respecto a Dios, que es todo justicia, amor, equidad y misericordia.

Ejemplo de ello lo encontramos en el ámbito hispanoame- ricano, donde una serie interminable de gobiernos despóti- cos, cuando no declaradamente dictatoriales, incapaces de gobernar con equidad a favor de las grandes mayorías que, en la totalidad de los casos, son los más pobres.

El poder corrompe. La política y los políticos se mueven, por lo general, en un ambiente corrupto. Y debido a ese estado de degradación algunos intentan derrocar los gobier- nos mediante golpes de estado. Quienes los dan, con éxito o sin él, casi siempre lo hacen con la excusa de que quieren «mejorar el estado de cosas». Y casi sin excepción, el estado de cosas, lejos de mejorar, empeora. Y si logran mejorar el «estado de cosas» lo que mejoran es «su propio estado de cosas» y el de sus allegados.

Es a este ambiente adonde Satanás quiere arrastrar a muchos líderes cristianos, con el argumento de que la iglesia bien puede incursionar en el terreno de la política y desde allí hacer un aporte más efectivo a la sociedad a la que sirve. No es difícil encontrarle lógica a este razonamiento ni tan sencillo rechazar la oportunidad de gobernar, ni abrazar esta carrera de buenas a primeras creyendo con sinceridad que se está haciendo la voluntad de Dios. Pero cuidado, que este terreno es resbaladizo, como la «casa del jabonero».

Con mis treinta y siete años de experiencia y estudio, primero de la realidad de mi pueblo, y luego de los demás pueblos hispanos, creo que se puede hacer algo.

Como en los tiempos bíblicos, Dios tiene hombres y mujeres especialmente escogidos y adecuadamente preparados para representarlo en la arena política. Los que dicen que es pecado que un creyente ocupe un puesto público son los mismos que decían que ningún cristiano debía ir a la universidad, que el conocimiento pervierte y la erudición mata.

José, Daniel y Moisés son tres personajes bíblicos, hombres de Dios que cumplieron con eficiencia, celo y equidad la función política. Lo mismo sucedió con Ester. Hay en la historia bíblica otros personajes, quizás no tan relevantes como los mencionados, todo lo cual nos indica que este no es un campo vedado para el cristiano. ¿Dónde radica, entonces, la dificultad?

Ahora bien, hay diversidad de dones, pero el Espíritu es el mismo ... Y hay diversidad de operaciones, pero Dios que hace todas las cosas en todos, es el mismo. Pero a cada uno le es dada la manifestación del Espíritu para provecho. Porque a éste es dada por el Espíritu palabra de sabiduría; a otro, palabra de ciencia según el mismo Espíritu (1 Corintios 12.4, 6-8).

He interrumpido la cita anterior en el versículo 8 porque en esta primera parte (vv. 4-8) pareciera haber una categoría de funciones espirituales, y en la segunda (vv. 9-11), otra. En la primera, es posible ver una proyección hacia el mundo, hacia el exterior de la iglesia; y en la segunda, hacia el mundo cristiano, hacia el interior de la iglesia. Si nuestra percepción es correcta, esta referencia confirma escrituralmente lo que venimos afirmando: que Dios llama a determinados creyentes para que cumplan una función política determinada. Y no solo los llama, sino que ofrece darles dones, ministerios y operaciones diversos; además, palabra de sabiduría y de ciencia. Todo, mediante el Espíritu Santo.

> *Dios tiene hombres y mujeres especialmente escogidos y preparados para representarlo en la arena política.*

Decimos «Dios llama a determinados creyentes» con toda intención. Porque en este punto, precisamente, es donde se produce la gran confusión que ha desprestigiado a los ojos del pueblo cristiano la función política.

Si un dirigente cristiano quiere entrar al terreno político debe hacerlo después de asegurarse absolutamente de que Dios lo llamó a tal función. Cuando un líder cristiano da este paso sin el llamamiento de Dios se produce el descalabro y el fracaso más vergonzoso. Como un ministro, a quien conozco personalmente, que dejó el ministerio por un puesto en el gobierno de su país. Llegó con grandes expectativas haciendo ondear, incluso, la bandera del evangelio. Terminó en medio de escándalos políticos, de sexo y de alcohol.

Quizás haya quienes disientan de mi criterio, y es lógico que así sea; sin embargo, permítame decirle algo. Como profeta de Dios, Él me ha lanzado a campañas en Puerto Rico que han tenido un fuerte impacto y no poca divulgación en esa comunidad. A lo largo de mi ministerio, no han faltado los cantos de sirena que han querido llevarme a incursionar en la política. Sé, fehacientemente, que Dios me ha llamado a servirle donde estoy. Él me puso frente al Ministerio Clamor y ahí siento que estoy haciendo su voluntad.

Algunas personas, cuando me oyen denunciar lo que Dios me dice que es malo para Puerto Rico, tratan de convencerme de que contribuiría mejor desde el Capitolio, o desde Washington. Mi respuesta a esas sugerencias ha sido siempre la misma: No siento que Dios me haya llamado a ese trabajo. Estoy donde Él me quiere tener y seguiré aquí hasta que Él diga otra cosa.

Hay, en el caso de Daniel una frase que no debemos pasar por alto. Dice el texto bíblico que en Daniel «había un espíritu superior». ¿Qué era ese espíritu superior? ¿Sería su condición social?, ya que se supone que era miembro de una familia noble de Judá. ¿Sería, acaso, su educación? ¿Su erudición? ¿Su carácter? ¿O sería la presencia del Espíritu de Dios en su vida y quehacer?

No hay duda de que en el contexto de la Escritura, ese espíritu superior era, primero, la confirmación del llamado de Dios a cumplir una función política; y segundo, la presencia misma de Dios en él.

Ese espíritu superior es el que se manifiesta cuando un creyente es llamado por Dios para cumplir determinada misión; y cuando ese creyente acude a la cita consciente de que es Dios quien lo manda, y quien le capacita para cumplir con fidelidad y honestidad. Cuando un cristiano es llamado a intervenir en la política deben cumplirse las condiciones de obediencia, modestia y reconocimiento de la soberanía de Dios. Ese «espíritu superior» debe hacerse notorio.

En la década pasada, en el Perú, ascendió por primera vez a la primera magistratura de la nación el actual presidente de ese país. Triunfaron con él una veintena de evangélicos que se dividieron entre la Cámara de Diputados y el Senado. Incluso, el segundo vicepresidente de la nación fue otro evangélico, pastor por cierto. ¡Algo nunca visto en la historia de los países hispanoamericanos! ¡Todo un acontecimiento. Más de veinte líderes evangélicos participando en la administración del estado en el Perú! ¿Qué pasó con ellos? Aparentemente nunca demostraron ese «espíritu superior» porque poco o nada se sabe de su gestión, ni mayores vestigios han quedado de su paso por los niveles gubernamentales de aquella nación sudamericana.

En Venezuela, utilizando los símbolos cristianos de la

Biblia y la oración, un grupo de cristianos formó un partido político. Cuando la espiral politiquera tomó control de ellos, desapareció —si es que alguna vez lo tuvieron— el «espíritu superior». En Panamá se formó otro partido político evangélico. Este terminó recibiendo dinero y aliándose con el partido que representaba los intereses del mayor productor de cerveza y licores del país.

En México, pude ver un santuario cristiano convertido en sede de un partido político. Matemáticas de Satanás: Desorden en las prioridades de la Iglesia de Cristo = Caos, fracaso y desilusión. En Colombia, he visto ministros cristianos peleando entre sí por puestos políticos mientras descuidan el púlpito y la predicación del evangelio.

En Estados Unidos, un ministro, dirigente de una asociación de un centenar de pastores, ofrece a un partido el respaldo de esos cien pastores sin consultar con ellos. A cambio recibe dinero para pagar sus deudas personales. Y un teólogo cristiano, atraído por el neón del poder en Washington, se lanza en defensa de posiciones anticristianas sustentadas por el gobierno. Un reverendo, sediento de poder y gloria humana, se hace aliado de los homosexuales con tal de conseguir votos.

> *Estoy donde Dios me quiere tener, y seguiré aquí hasta que Él diga otra cosa.*

En Guatemala, los dos cristianos que ocuparon la posición más alta del país como presidentes dejaron una estela de confusión y dolor entre los creyentes. El primero, porque en su extremismo religioso olvidó que el Presidente de la República es presidente de todos los guatemaltecos y no debía usar su posición para imponer la fe a quienes no creían como él. Y el segundo, por dejar a un lado sus convicciones y principios cristianos, teniendo que huir exiliado en medio de una nube de escándalos y abusos de poder.

Los cristianos tienen una misión en la esfera política de su país; pero quienes lleguen a ella no podrán hacerlo movidos por ambiciones personales o por intereses oscuros. Solo los que son enviados allí podrán contar con el respaldo de Dios, lo que les hará políticos sanos, honestos, eficientes. Se verá en ellos —como en el caso de Daniel, de Moisés, de José y de muchos otros personajes bíblicos sumisos y obedientes al Jefe Supremo, Jehová Dios de los ejércitos—, ese «espíritu superior» que no es otro que la presencia del Espíritu Santo.

Entonces el rey engrandeció a Daniel, y le dio muchos honores y grandes dones, y le hizo gobernador de toda la provincia de Babilonia, y jefe supremo de todos los sabios de Babilonia (Daniel 2.48).

Relaciones sexuales, dinero y chisme

Y sucedió un día, al caer la tarde, que se levantó David de su lecho y se paseaba sobre el terrado de la casa real; y vio desde el terrado a una mujer que se estaba bañando, la cual era muy hermosa (2 Samuel 11.2).

Porque raíz de todos los males es el amor al dinero, el cual codiciando algunos, se extraviaron de la fe, y fueron traspasados de muchos dolores (1 Timoteo 6.10).

María y Aarón hablaron contra Moisés a causa de la mujer cusita que había tomado; porque él había tomado mujer cusita (Números 12.1).

Para referirme a otras formas que tiene Satanás de atacar a la iglesia desde adentro, he elegido tres dardos de fuego que son representativos de muchos más y que son muy dañinos: las relaciones sexuales ilícitas, el amor al dinero y los chismes. Y en cada uno, he escogido un pasaje bíblico que respalda la reflexión.

El caso de David

Desde que la cinematografía tomó el caso y produjo una película que llegó a ser un clásico del cine, el adulterio de David con Betsabé es ampliamente conocido y aceptado. A la historia cruda, fría y cruel —con un homicidio premeditado y con ventaja de por medio— se la adornó, se le quitaron hasta donde se pudo las connotaciones perversas, se resaltó la belleza de la mujer y la virilidad del hombre, y se le lanzó al mercado mundial como una historia de amor, casi de rostro inocente. Todo muy bonito y emocionante, pero el hecho en sí no se pudo eliminar. Tuvo consecuencias tristes para sus protagonistas (léase 2 Samuel 12.18-24) y para toda la nación israelita.

Vivimos en sociedad. Nadie puede aislarse del resto de la gente y decir que su comportamiento no va a tener consecuencias en su comunidad. En algunos casos, como este, en que el que comete la falta es el propio rey, toda la nación sufre. Cuando el delito sexual se comete en el seno de la comunidad eclesiástica, sufre toda la iglesia y el testimonio del evangelio. Satanás sabe esto y procura usar este recurso para debilitar el impacto que el mensaje de Cristo hace en la sociedad.

David se arrepintió de su pecado y Dios lo reivindicó dándole otro hijo de Betsabé: Salomón (véase Salmos 51). Pero las consecuencias de su pecado no desaparecieron.

La codicia

En una sociedad como la que vivimos, donde el dinero es elemento fundamental para la vida (casi como el aire que respiramos), este medio es otro de los dardos de fuego que lanza Satanás al seno de la iglesia. Y en no pocos casos ha impactado a algún segmento del cuerpo de Cristo.

Hay diversas formas y niveles en que se manifiesta este enfermizo *amor al dinero*. Desde el creyente pobre que prefiere quedarse con la parte de su salario que debe darle al Señor, hasta las grandes empresas religiosas que usan el evangelio como pretexto para amasar fortunas. Entre estos dos extremos hay la más amplia variedad de posiciones.

El dinero, como dijimos, es un medio, no un fin en sí mismo. Como medio útil en una sociedad donde la tónica es comprar y vender, el dinero debe ser visto y empleado con amplio apego al consejo de Dios. Dios multiplica lo poco y lo mucho, cuando quien lo va a usar lo hace sabiamente y en el temor a Dios. La viuda de Marcos (12.41-44) y Lucas

(21.1-4), hizo maravillas —sin proponérselo— con las dos miserables monedas que puso en el plato de las ofrendas.

Jamás pasó por la mente de la mujer que estaba haciendo una gran hazaña, o que su actitud era digna de aparecer en la prensa o escribirse con letras de oro en el cielo. Pero si no se escribió en el cielo, sí se escribió en la Biblia para que todas las generaciones futuras entendieran uno de los misterios más emocionantes: Lo que puede ocurrir cuando el dinero se usa en sujeción a los deseos de Dios. Con generosidad, con desprendimiento, con alegría.

El rico insensato (Lucas 12.13-21) que hizo del dinero un fin en sí mismo, sufrió las consecuencias. No disfrutó de lo que el dinero podía proporcionarle. Y así ocurre en la historia del hombre hasta nuestros días. La codicia, la avaricia, el amor al dinero son todos pecados que giran en torno a un mismo problema: egocentrismo y carnalidad. Cuando este fenómeno se da en las sociedades seculares, todo el pueblo sufre, especialmente los que tienen menos recursos. Cuando se da en el contexto de la iglesia, las consecuencias son igualmente dañinas. Por eso, bienaventurado es quien logra darle al dinero el justo valor que tiene. Dios multiplicará lo poco que tenga, y convertirá en bendición su abundancia. Una congregación es floreciente, solvente y pujante aun con poco dinero, si considera el que tiene un medio proporcionado por Dios, y si lo usa con sabiduría y recato.

Los chismes

Aunque la enseñanza bíblica contra el chisme recorre las páginas de las Escrituras, es Santiago quien gráficamente advierte contra este flagelo. La lengua, dice él (3.1-12), es como un fuego que enciende y destruye un gran bosque.

Cuando el fuego arrasa las grandes reservas forestales del planeta —como ocurrió hace poco en California, en el Matto Grosso brasileño y en el sur de Argentina— no solo termina con los bosques. También destruye pasado, presente y futuro. Destruye la fauna que vive al amparo de esos árboles. Destruye el equilibrio ecológico. Destruye la economía de la región y hasta del país. Destruye viviendas, vidas humanas, proyectos, planes, ilusiones. Lo destruye todo. Así mismo la lengua, cuando se usa como un fuego irresponsable que quema y mata.

María era una zagala en Egipto cuando nació su hermanito Moisés. Acostumbraba corretear con su hermano Aarón, un poco mayor que ella. Dios le dio un rol importante en el plan de supervivencia de Moisés. Fue ella la que permaneció en el Nilo, cerca de la cesta donde reposaba su hermanito. Fue ella quien salió al encuentro de la hija de Faraón a ofrecerle los servicios de su madre para que cuidara al niño. Más tarde, ya adultos, María y Aarón se transformaron en colaboradores estrechos del líder puesto por Dios frente a su pueblo. Ella cumplía el rol de sacerdotisa y dirigía a las mujeres de Israel.

Cuando le dio lugar a los celos, estos se convirtieron en chisme. Para darles ciertos visos de legitimidad, los encubrió con el subterfugio de la esposa de Moisés, una mujer cusita para quien Dios no había tenido ninguna objeción. Involucró en sus chismes a su hermano Aarón y, de alguna manera, a todo el pueblo. Los efectos negativos de tal actitud afectaron la marcha hacia la tierra prometida, y ellos, como causantes de la perturbación, tuvieron que soportar severo castigo por parte de Dios.

La lengua sin control puede causar tanto daño como un incendio incontrolable. ¡El chisme es un dardo muy eficaz en las manos del diablo! ¡Cuántas satisfacciones le ha dado!

Las divisiones

Todo reino dividido contra sí mismo, es asolado, y toda ciudad o casa dividida contra sí misma, no permanecerá (Mateo 12.25).

Cristo es sinónimo de unión, de unidad. Satanás lo es de desunión. Lo que Cristo procura hacer es mantener la unidad de su Cuerpo: la Iglesia. Lo que Satanás trata de hacer es todo lo contrario: Sembrar el espíritu de desunión entre los creyentes, sabiendo que las divisiones reducen la fuerza del cuerpo. Tan importante es este elemento que incluso Jesús destacó la unidad que necesita Satanás en su reino de tinieblas.

La gloria que me diste, yo les he dado, para que sean uno, así como nosotros somos uno (Juan 17.22).

Yo y el Padre uno somos (Juan 10.30).

Y si Satanás echa fuera a Satanás, contra sí mismo está dividido; ¿cómo, pues, permanecerá su reino? (Mateo 12.26).

Es importante entender por qué Satanás se esfuerza tanto por dividir la Iglesia de Jesucristo, especialmente en este tiempo crítico de la historia en que se libra la última batalla de la guerra espiritual.

Lecciones del pasado

Tengo que reconocer que mi fuerte no es la historia. No soy historiador; sin embargo, siempre me he interesado por esta disciplina del saber humano.

Si los hombres de nuestro tiempo se detuvieran a analizar los hechos históricos, especialmente los registrados en la Sagrada Escritura, se evitarían muchos fracasos. Por ejemplo, se encontrarían con un reino, como el de Israel, que David y su hijo Salomón estructuraron. Después que el diablo intentó por años destruir esa unidad nacional, lo logró a través del hijo de Salomón, Roboam.

La historia es trágica. Roboam se dejó llevar por el mal consejo de un grupo de muchachos inexpertos, a la vez que desechaba la sabia opinión de ancianos de experiencia. Y aunque ya Satanás había sembrado la semilla de la destrucción durante el reinado de Salomón, con este último acto de insensatez del rey Roboam consiguió asestar el golpe que faltaba a la división del reino. Roboam se quedó en el sur con las tribus de Benjamín y Judá; y Jeroboam se quedó en el norte frente a las otras diez tribus. Desde aquel día en adelante, la gloria del pueblo nunca volvió a ser la misma. La división inauguró un largo camino de fracasos y penurias.

Así se apartó Israel de la casa de David hasta hoy (1 Reyes 12.19).

En el Nuevo Testamento encontramos el caso de una iglesia próspera económicamente y abundante en dones del Espíritu pero con unas profundas divisiones internas. Es la iglesia de Corinto, fundada por el apóstol Pablo. En medio de esta situación de división, que amenaza con destruir todo el trabajo y echar por tierra todos los sacrificios del apóstol, Pablo les escribe, diciendo: «Os ruego, pues, hermanos, por el nombre de nuestro Señor Jesucristo, que habléis todos una misma cosa, y que no haya entre vosotros divisiones, sino que estéis perfectamente unidos en una misma mente y en un mismo parecer. Porque he sido informado acerca de vosotros, hermanos míos, por los de Cloé, que hay entre vosotros contiendas. Quiero decir, que cada uno de vosotros dice: Yo soy de Pablo; y yo de Apolos; y yo de Cefas; y yo de Cristo. ¿Acaso está dividido Cristo? ¿Fue crucificado Pablo por vosotros? ¿O fuisteis bautizados en el nombre de Pablo» (1 Corintios 1.10-13).

Estas divisiones dentro de la iglesia de Corinto dieron entrada a otros males que casi destruyeron la iglesia. Fue afectada su capacidad espiritual y perdieron un tiempo precioso. Mucha gente murió sin Cristo cuando poco después la ciudad de Corinto fue destruida por dos terremotos. Llegó el día cuando la grandeza de aquella ciudad quedó perdida entre las nebulosas del pasado.

Uno de los propósitos de Satanás, al llevar a los creyentes y a la iglesia a la desunión y a la división, es hacerles perder el tiempo. Tal cosa ha ocurrido en todo lugar y época cuando la iglesia ha dado lugar al germen de la división puesto por Satanás en el Cuerpo de Cristo.

Nosotros mismos tendremos que dar cuenta a Dios de la forma en que ocupamos el tiempo que Él nos dio para hacer la obra de evangelización. Tendremos que responder por las horas, días e incluso años que hemos perdido peleando mientras en nuestras ciudades y pueblos el diablo pervierte a nuestra juventud con drogas y sexo desenfrenado. Satanás usa las armas más infernales para destruir los hogares y llevar a naciones enteras a la ruina. Millones van al infierno porque el anuncio de la salvación en Cristo que les llegó, fue demasiado débil e interferido por nuestras propias divisiones internas. Mientras trabajaba en la ciudad de Miami en este libro, escuchaba de vez en cuando una emisora cuyos propietarios alquilan espacio a diversos predicadores. Sin dejar de reconocer que en algunos casos se escucha allí sana doctrina y palabra fiel, aquello se parece a la torre de Babel en sus mejores tiempos. A tal punto llega la situación que, por ejemplo, el predicador que ocupa el espacio de las 11:00 a las 11:30 de la noche, se dedica a criticar y a destruir lo que ha dicho el del programa anterior. Eso, además de que a veces da la impresión que allí no se trata de predicar el evangelio de salvación, sino de una competencia para ver quién lo hace mejor. Divisiones sutiles del diablo que a nada conducen, que no sea confusión y pérdida de tiempo.

Nosotros, los que deberíamos estar más unidos que nunca, nos destruimos unos a otros con nuestras luchas sin sentido. Satanás, mientras tanto, une a sus ejércitos de mercaderes de la pornografía, a los narcotraficantes (y a los consumidores), a los inmorales, ateos y enemigos de Dios para lanzarlos contra la iglesia.

De todo esto tendremos que dar cuenta a Dios. No olvidemos que somos mayordomos del tiempo y del mensaje que Dios nos ha dado.

El poder dentro de la iglesia

Hubo también entre ellos una disputa sobre quién de ellos sería el mayor. Pero él [Jesús] les dijo: Los reyes de las naciones se enseñorean de ellas, y los que sobre ellas tienen autoridad son llamados bienhechores; mas no así vosotros, sino sea el mayor entre vosotros como el más joven, y el que dirige, como el que sirve (Lucas 22.24-26).

En el contexto del servicio cristiano, la gloria del poder pertenece a una sola persona: Jesucristo. La Biblia así lo enseña y así deberían aprenderlo todos los que en alguna estructura alcanzan posiciones de liderazgo. Sin embargo, este es otro de los lados débiles por los cuales Satanás trata de hacer impacto con sus dardos malignos. Cuando en una estructura eclesiástica se juntan el poder político o administrativo, el poder del dinero y una o varias personas que gustan disfrutar de ambas cosas, surge el caos. Las estructuras humanas son necesarias, y sabios son aquellos que procuran la mejor estructura para conducir la iglesia o ministerios paralelos. El dinero es necesario y sabios son quienes lo usan con mesura y responsabilidad. En cuanto a la gloria, corresponde a la Deidad y sabios son aquellos que rehúsan vestirse de ella. Quien quiera lucir este ropaje ajeno, bello y tentador, tarde o temprano será echado de la posición privilegiada y colocado en el nivel que le corresponde. Y desnudo.

> *El padre de las divisiones es el diablo; y si nosotros somos agentes de división, estamos sirviéndole al diablo.*

Así también vosotros, cuando hayáis hecho todo lo que os ha sido ordenado, decid: Siervos inútiles somos, pues lo que debíamos hacer, hicimos (Lucas 17.10).

Los criterios de la sociedad mundana —que son lo opuesto a los criterios de la sociedad cristiana, llámese pueblo de Dios o cuerpo de Cristo— establece como elemento prioritario honra, poder y gloria. El hombre natural, egoísta, egocéntrico y jactancioso persigue la gloria humana a través del poder y el dinero. Y cuando llega a la cúspide, cuando alcanza lo que desea, se le termina todo.

El cristiano, y estoy hablando de hombres y mujeres que alcanzan prominencia más que de los sencillos feligreses de nuestras congregaciones, sabe que nada de lo que emprende termina aquí. Y que el poder, bien usado, y la gloria, correctamente dada a Cristo, le darán un disfrute eterno más dulce y permanente que lo mejor que pudiera conseguir en el tiempo presente.

Tengamos cuidado, dirigentes, predicadores, evangelistas, televangelistas, administradores de organizaciones cristianas de carácter social, cantantes, dueños de radioemisoras, de canales de televisión, de casas publicadoras. No permitamos que la gloria que le pertenece a Dios se nos quede «enredada entre los dedos» porque quema, mancha, maldice.

Y a aquel que es poderoso para guardaros sin caída, y presentaros sin mancha delante de su gloria con gran alegría, al único y sabio Dios, nuestro Salvador, sea gloria y majestad, imperio y potencia, ahora y por todos los siglos. Amén (Judas 24-25).

La victoria es nuestra

No es fácil luchar contra Satanás. Ya lo dijo una creyente que fue llamada por Dios a enfrentar al enemigo ministrando a personas endemoniadas. Dios le dijo: «Quiero que desarrolles una tarea. Es una labor difícil, dificilísima. Tendrás tales enfrentamientos que creerás que se te va la vida. No solo Satanás te odiará, sino mucha gente, incluyendo creyentes. Tu salud se verá quebrantada. Tu prestigio profesional será puesto en duda. Tus lágrimas serán amargas y dolorosas. Te lo advierto desde ahora. Si quieres rechazar mi pedido, puedes hacerlo. Te comprenderé y seguirás siendo mi hija, serás útil en otro ministerio. Pero si aceptas, ya sabes qué te espera. Lo que también te puedo asegurar, es que estaré siempre contigo. A veces, te parecerá que pierdes la batalla y, en efecto, en algún momento pensarás que estás derrotada. Pero la victoria final será tuya. Será nuestra. Tuya y mía».

La lucha contra Satanás no es un juego. Yo mismo, mientras escribía este libro, encerrado durante días en un hotel de la ciudad de Miami, viví momentos en que sentía la atmósfera de la habitación tan cargada con la presencia demoníaca, que no podía seguir trabajando. En esos casos, lo único que aliviaba mi tensión era la oración. La oración con lágrimas me acompañó durante ese tiempo.

Sin embargo, los ataques del enemigo no se enfocaban solo en mí, allí en esa habitación. También se manifestaban en mi ministerio, en Puerto Rico. Problemas financieros, laborales, personales, de accidentes y muertes me afectaban cada vez que me comunicaba con la base de Ministerios Clamor. Aislado como estaba, dejaba todo en las manos del Señor y Dios me respondía, solucionando los problemas, poco a poco y uno tras otro; proveyendo los recursos que necesitábamos para cumplir los compromisos de cada día. A veces, mi espíritu y mi mente estaban tan divididos entre la tarea de escribir y lo que ocurría en Puerto Rico, que pensaba que la desesperación me vencería. Pero antes que ella lo lograra, optaba por arrodillarme y clamaba a Dios. Y la respuesta llegaba.

Esta experiencia que narro cuando estoy a punto de abandonar la pluma no es exclusivamente mía. Otros creyentes en el pasado, en el presente y muchos más en el futuro, experimentarán lo mismo. Posiblemente usted también lo viva en su propia batalla contra el mal. Dios no nos prometió un camino adornado y perfumado con pétalos de rosa. Al contrario, nos asegura que no habrá tregua y que aun cuando a veces creamos que desfallecemos, estará siempre con nosotros. Somos llamados a triunfar. El que se integra al ejército de Jehová, y que milita bajo las órdenes de Jesucristo y del Espíritu Santo, ni siquiera puede pensar en derrotas. No solo fuimos llamados a vencer sino también preparados para ello.

Porque las armas de nuestra milicia no son carnales, sino poderosas en Dios para la destrucción de fortalezas (2 Corintios 10.4).

DÍA DE CLAMOR

Como parte de la iglesia de Jesucristo llevo más de treinta y seis años en las filas de este ejército espiritual y nunca se me había hecho tan difícil trabajar para mi Señor como en estos últimos años. Durante veintitrés años hemos venido celebrando —el primer lunes de cada mes de septiembre— lo que se conoce como el «Día de Clamor». La explanada que queda frente al Capitolio, en la ciudad de San Juan, Puerto Rico, se llena de fieles que van a unir sus voces, voluntades y corazones para clamar a Dios. La asistencia cada año fluctua entre cien mil y trescientas mil personas. Allí vemos a Dios contestando al clamor del pueblo al detener, destruir y desviar huracanes o cualquier fenómeno de esa naturaleza. En más de una ocasión, han sido desviados de su ruta a Puerto Rico por una mano poderosa, por lo cual se han salvado vidas, viviendas y sembradíos del pueblo puertorriqueño.

Allí, clamando unidos, hemos detenido plagas, pestes y hasta proyectos de leyes que perjudican y atentan contra la moral y las buenas costumbres del pueblo puertorriqueño.

Menciono el «Día de Clamor» debido a su importancia en la agenda de Dios. Cada año siento que la oposición de Satanás aumenta y se proyecta en todas direcciones. Esto nos obliga a intensificar los preparativos orando y trabajando con más fervor para la victoria que Dios nos da año tras año.

Un nuevo reto

Estoy convencido de que este libro ayudará a muchos creyentes a replantearse su participación en la batalla final de esta guerra espiritual en que estamos. Siento que el Espíritu Santo usará este esfuerzo para fortalecer los escuadrones que batallan sin cesar contra el maligno. En ese espíritu lo he escrito y en ese mismo espíritu lo pongo en sus manos. Si como iglesia nos ponemos en las manos de Dios, y rechazamos todos los intentos y artimañas de Satanás, tendremos grandes triunfos.

Y despojando a los principados y a las potestades, los exhibió públicamente, triunfando sobre ellos en la cruz (Colosenses 2.15).

He aquí os doy potestad de hollar serpientes y escorpiones,

y sobre toda fuerza del enemigo, y nada os dañará (Lucas 10.19).

Y el Dios de paz aplastará en breve a Satanás bajo vuestros pies. La gracia de nuestro Señor Jesucristo sea con vosotros (Romanos 16.20).

Mi última palabra a la iglesia de Jesucristo en cualquier lugar del mundo: Si queremos experimentar esa victoria prometida en las Escrituras por el Espíritu Santo, tenemos que obedecer el mandato de Dios a Salomón, cuando le dijo: «Si se humillare mi pueblo, sobre el cual mi nombre es invocado, y oraren, y buscaren mi rostro, y se convirtieren de sus malos caminos; entonces yo oiré desde los cielos, y perdonaré sus pecados, y sanaré su tierra» (2 Crónicas 7.14).

Señor, te pido que ahora mismo tu Santo Espíritu llegue a las vidas, congregaciones y ministros que componen tu ejército en esta gran batalla final. Te pido que los revistas de tu amor, poder, sabiduría y unción como nunca antes en la historia de la iglesia. Crea, oh Dios, una enorme nube de protección sobre ellos y sus familias para que puedan resistir en el día malo y testificar de la victoria que procede de ti. Ahora mismo, en tu nombre, declaro victoria sobre toda obra de Satanás, todo pecado, depresión y enfermedad. Por tu Hijo Jesucristo, te lo pido. Amén.

www.ingramcontent.com/pod-product-compliance
Ingram Content Group UK Ltd.
Pitfield, Milton Keynes, MK11 3LW, UK
UKHW031126120325
456135UK00006B/101